JEAN RICHEPIN
de l'Académie française

Contes sans morale

PARIS
ERNEST FLAMMARION, ÉDITEUR
26, Rue Racine, 26

DERNIÈRES PUBLICATIONS, DANS LA MÊME COLLECTION

ALANIC (MATHILDE) — Prix
Rayonne ! roman (5e mille) . . . . 7 »

BAILLEHACHE (COMTESSE DE)
Les mains pures, roman (3e m.) . 7 »

BARBUSSE (HENRI)
Le Feu, roman (335e mille) . . . . 7 »
Clarté, roman (90e mille) 5 75

BATAILLE (HENRY)
Théâtre complet. I. La lépreuse.
— L'Holocauste (3e mille) . . . 7 50

BEAUNIER (ANDRÉ)
La folle jeune fille, roman (5e m.) 7 »

BERNARD (TRISTAN)
Le jeu de massacre (4e mille) . . 7 »

BINET-VALMER
Les jours sans gloire, roman (7e m.) 7 »

BLASCO-IBAÑEZ (V.)
Les morts commandent, roman
(6e mille) . . . . 7 »

BORDEAUX (HENRY), de l'Acad. française
La maison, roman. Nouvelle édition
illustrée 7 50

BOUTET (FRÉDÉRIC)
Le spectre de M. Imberger (3e m.) 7 »

CASANOVA (NONCE)
La racaille, roman (3e mille) . . . 7 »

CHÉRAU (GASTON)
Le remous, roman (15e mille) . . 7 »

CORDAY (MICHEL)
Les "Hauts Fourneaux" (Le
Journal de la Huronne), 8e mille. . 7 »

DAUDET (LÉON), de l'Acad. Goncourt
L'entremetteuse, roman (26e mille). 7 »
La lutte, roman (13e mille) . . . 7 »

DAX (ANDRÉ)
La volupté de tuer, roman de
l'après-guerre (4e mille) . . . . 7 »

DELLY
Mitsi, roman (12e mille) . . . . . 7 »

DES GACHONS (JACQUES)
Mon amie, roman (5e mille) . . . 7 »

DUVERNOIS (HENRI)
Crapotte, roman (20e m.) 6 75

FARRÈRE (CLAUDE)
Les hommes nouveaux, roman
(30e mille) . . . . 7 »

FAURE-BIGUET (J.-N.)
La fiancée morte, roman (3e m.) . 6 »

FIERRE (JACQUES)
L'éternelle histoire, roman (4e m.) 7 »

FISCHER (MAX ET ALEX)
Pour s'amuser en ménage !...,
roman (22e mille) . . . . 7 »

FLAMMARION (CAMILLE)
La Mort et son Mystère. III. Après
la Mort (20e mille) 8 50

FORT (PAUL) — Prix
Louis XI, curieux homme, chronique en 6 images 7 50

FRAPPA (JEAN-JOSÉ)
A Salonique sous l'œil des Dieux !
Roman. Nouvelle édition illustrée . 7 »

GENEVOIX (MAURICE)
Rémi des Rauches, roman (4e m.) 7 »

GÉNIAUX (CLAIRE)
Un héros national, roman . . . . 7 »

GÉNIAUX (CHARLES)
La lumière du cœur, roman . . . 7 »

GÉRARD-GAILLY
Tchirougougou, roman (3e m.) . . 6 »

GONCOURT (EDMOND ET JULES DE)
Sœur Philomène, roman. Edition
définitive . . . . 7 »

GYP
Un raté, roman (17e mille) . . . . 7 »

HERMANT (ABEL)
Le petit prince. — La clef (4e m.) 7 »

LAPARCERIE (MARIE)
Les amants de Rosine, femme honnête, roman (3e m.). 2 vol. Chacun 7

LORENZI DE BRADI
La vraie Colomba . . . . 5 »

MARGUERITTE (LUCIE PAUL)
La jeune fille mal élevée, roman
(5e m.) . . . . 7 »

MARGUERITTE (VICTOR)
La garçonne, roman (120e mille) . 7 »

MAUREVERT (GEORGES)
La plus belle fille du monde . . 7 »

MICHEL GEORGES-MICHEL
La vie à Deauville (4e mille) . . . 7 »

MIRBEAU (OCTAVE), de l'Acad. Goncourt
Des artistes (3e mille) . . . . . . 7 »

NAUDEAU (LUDOVIC)
Plaisir du Japon, roman (5e mille). 7 »

ORLIAC (JEHANNE D')
Une courtisane, roman (3e mille). 7 »

PRÉVOST (MARCEL), de l'Acad. française
L'art d'apprendre (12e mille) . . 7 »

RACHILDE
Le grand seigneur, roman (8e m.) 7 »

REBOUX (PAUL)
Le phare, roman (7e mille) . . . 7 »

RICHEPIN (JEAN), de l'Acad. française
Contes sans morale (5e mille) . . 7 »

ROSNY AÎNÉ (J.-H.), de l'Acad. Goncourt
Nell Horn, roman (12e mille) . . 7 »

VAILLAT (LÉANDRE)
La femme inconnue, roman (3e m.) 7 »

ZAMACOÏS (MIGUEL)
Le beau garçon de l'ascenseur
(3e mille) . . . . 7 »

Contes sans morale

Il a été tiré de cet ouvrage :
dix exemplaires sur papier de Hollande,
numérotés de 1 à 10
et trente exemplaires sur papier du Marais,
numérotés de 11 à 40.

DU MÊME AUTEUR

Chez le même éditeur :

LES GLAS, poèmes.
LE COIN DES FOUS. Histoires horribles.
LES CARESSES, poèmes. Nouvelle édition, illustrée.
LA GLU, roman. Nouvelle édition, illustrée.
POÈMES DURANT LA GUERRE (1914-1918).
L'AME AMÉRICAINE.
PROSES DE GUERRE.
LA CLIQUE.
LES ÉTAPES D'UN RÉFRACTAIRE.

THÉATRE EN VERS

I. L'ÉTOILE. NANA SAHIB. MONSIEUR SCAPIN. LE FLIBUSTIER.
II. PAR LE GLAIVE. VERS LA JOIE.
III. LA MARTYRE. LE CHEMINEAU.

Paris. — L. MARETHEUX, imprimeur, 1, rue Cassette.

JEAN RICHEPIN
DE L'ACADÉMIE FRANÇAISE

Contes
sans morale

PARIS
ERNEST FLAMMARION, ÉDITEUR
26, RUE RACINE, 26
Tous droits de traduction, d'adaptation et de reproduction
réservés pour tous les pays.

Droits de traduction, d'adaptation et de reproduction
réservés pour tous les pays.
Copyright 1922,
by ERNEST FLAMMARION.

Contes sans morale

BÉHÉMOT

Le petit vieux était là quand nous étions descendus de la guimbarde de Staouëli pour nous répandre dans la campagne de Sidi-Ferruch, et, longuement, il avait examiné notre douzaine de binettes avant de jeter son dévolu sur la mienne. Puis, il s'était mis à me suivre, rôdant à droite, à gauche, passant devant moi, me lançant des regards à la retournade. Enfin ! il s'était décidé, sur le bord de la mer, où je me trouvais tout seul avec lui, à me susurrer d'une voix flûtante :

— Joli point de vue, n'est-ce pas, monsieur, pour un artiste ? Joli ciel, jolie mer ! pour un artiste !

Comme j'avais répondu par une simple inclinaison de tête, il avait hésité au moins cinq minutes avant de recommencer ; et sa timidité n'avait rien trouvé de mieux, pour réengager l'attaque, que de répéter :

— Oh ! très joli, très joli, pour un artiste ! Monsieur il est artiste, comme je pense ?

— Ma foi, oui, je l'avoue.

— Et monsieur doit se trouver bien seul, en ce pays de Barbares !

— Mais...

— Oh ! si, des Barbares. Un vrai exil, je puis dire Ah ! si monsieur voudrait ! Peut-être que monsieur aurait agréable, quand même, d'en faire connaissance d'une, d'artiste, qu'il est *di primo cartello ?*

Très petit, presque nain, l'air infatué des nabots, le nez en museau de putois et les regards en vilebrequin, il suait la malice par tous les pores de sa face glabre, rasée au bleu, qui m'évoquait irrésistiblement l'idée d'un curé pour singes.

Il était vieux ; mais ses cheveux blancs paraissaient de la moisissure, et je ne pouvais m'empêcher d'imaginer que cette moisissure était comme la fleur de son âme, en champignon vénéneux.

Pourquoi diable, avec une figure pareille,

était-il si peu crâne ? Et pourquoi, d'abord, faisait-il ce métier ici, en ce coin de nature presque désert, où il ne pouvait trouver de clients que parmi les rares caravanes hivernales de voyageurs pressés ? Et, enfin, pourquoi, sur la douzaine que nous étions aujourd'hui, avais-je eu l'honneur d'être élu ?

Pour toutes ces raisons piquant ma curiosité, et aussi par pitié de ce pauvre marmiteux, je répliquai à sa question dernière qu'en effet il ne me serait pas désagréable de connaître l'artiste *di primo cartello* qu'il me proposait. Ses yeux de souris pétillèrent de joie, et il s'écria, avec un claquement de langue :

— Ah ! comme il sera contente, la povera ! Et monsieur aussi, va !

Il sautillait devant moi, presque courant, et j'allongeai le pas pour le suivre jusqu'à une espèce de petite bastide, toute blanche, parmi les noires verdures. Un jardinet précédait la maison, très frais, coupé de rigoles en bois pleines d'eau courante, et littéralement encombré de fleurs.

— Hé ! hé ! me dit-il, rien ne lui est plus agréable comme les fleurs, à la diva, une fleur elle-même.

Et, ce disant, il pivotait sur un talon, d'une allure si gracieuse, que le talon me fit l'effet d'être rouge. Il courut à un petit cabinet de feuilles, et en revint vite avec un sécateur, dont il coupa vite, vite, des roses. La botte faite, énorme, quasi plus grosse que lui, il me la mit dans les bras.

— Monsieur va la lui offrir : elle sera enchantée, la povera, puisque monsieur, il est artiste. Mais, venez, venez ! La cara nous a entendus, et je l'entends moi aussi, qu'il se prépare en accordant ma pochette.

Des sons de pochette, en effet, nous arrivaient, d'antique pochette aigrelette et vrombissante comme un vol d'insecte. Nous entrâmes dans la maison, et je la vis alors, la cara. C'était une grande et monstrueuse femme, toute en graisse, blafarde et bouffie, face de pleine lune, corps de vessie ballonnée, cinquantenaire pour le moins, et vêtue en danseuse. J'en demeurai cloué au seuil, bouche bée, stupéfait. Oui, vêtue en danseuse, le torse et les jambes en maillot, — ce torse de saindoux, ces jambes éléphantiasiques ! — et, sous les plis bouillonnants de la jupe, qu'elle relevait en avant, on voyait les pilastres de ses cuisses dans un tutu.

Le petit vieux fit une grande révérence et dit :

— Rina, monsieur est un artiste de passage qui vient t'offrir un bouquet comme admiration.

L'hippopotame répondit en souriant :

— Si, Rino, je vois, et je suis fière.

Puis, me tendant la main avec un geste de reine :

— La Rina, fit-elle, vous autorise, monsieur, à lui baiser la main, n'est-ce pas, Rino ?

— Si, Rina, fit le vieux : et je ne suis pas jaloux.

Il me poussa du coude, et me glissa dans l'oreille :

— Dites-lui quelque chose, monsieur ; dites-lui comme vous la trouvez belle !

Son regard était si chargé de supplications que je dus lui obéir. Je balbutiai donc quelques vagues paroles de compliments que le petit vieux répétait et amplifiait :

— Comme monsieur il est connaisseur, Rina, tu vois! Un vrai artiste, n'est-ce pas ? Il dit que tu es la plus belle, la plus exquise, la diva Rina, l'illustre cara Rina, et que ces roses ne sont pas plus roses, pas plus fleurs que toi.

Cela, gaîment, volubilement, avec des pirouettes sur son imaginaire talon rouge et des révérences jusqu'à terre, des ronds de bras et des ronds de jambes, tandis que le mastodonte se rengorgeait à faire péter toutes les coutures de son maillot. Le nain sauta sur sa pochette, se la colla au menton et se mit à jouer un air vieillot en criant :

— Danse un peu, Rina, danse pour le monsieur, qu'il connaisse ta gloire ; danse-lui ton fameux pas, ton pas du triomphe de la Sirène. Va, Rina, va ! ma cara

Et la montagne sembla secouée d'un tremblement de terre, et les pilastres semblèrent s'écarter sous la poussée de quelque invisible Samson, et je fus pris d'épouvante, m'attendant à un écroulement. Mais non ! Elle dansait, la montagne. Ils exultaient, les pilastres ! Ce grouillement ne s'écroulait point. Et, dans son fameux pas du triomphe, la sirène changée en baleine essayait de me charmer. Béhémot souriait.

Le petit vieux, lui, frétillait, se tortillait à râcler sa pochette frénétiquement, battait la mesure avec son pied, jouait de tout son corps éperdu, et ne s'arrêtait de crier brava que pour murmurer du bout des lèvres : « Criez-lui aussi, monsieur, criez. » D'un air si implorant, si tendre, que, machinalement, ne pouvant m'y refuser, je bégayais de mon mieux : « Oui, oui, brava! brava! » jusqu'au moment où il arriva enfin, l'écroulement que j'avais redouté tout à l'heure. Brusquement, comme un aérostat dégonflé, crevant, la malheureuse s'affala par terre. Elle suffoquait, fumait, râlait, toujours souriante.

— Ah! la povera! gémit le petit vieux. Va, va, ce n'est rien. Tu t'es emballée encore. C'est pour monsieur qu'il est un artiste. Il sait ce que c'est qu'une artiste. N'est-ce pas, monsieur, que vous le savez! Brava! brava! Ecoute comme il est gentil et qu'il crie aussi brava! brava! N'est-ce pas, monsieur, que vous lui en tenez compte?

Déjà je mettais la main à ma poche, mais il bondit, me saisit la main et me jeta un regard furieux. Je me laissais faire, ne comprenant plus. Il me poussait dehors, prestement, presque brutalement.

— Allez-vous-en, vite, vite, me disait-il. Je vais la soigner, povera. Allez-vous-en.

J'étais dans le jardinet. Il cueillit une rose.

— Lancez lui ça par la fenêtre, fit-il, et en lui criant encore brava! Je vous en conjure!

J'obéis, et je m'enfuis.

— Monsieur ! Monsieur !

C'était le petit vieux, tout essoufflé, qui courait après moi.

— La Rina vous envoie un petit souvenir, comme artiste.

Il se sauva après m'avoir mis dans la main un chiffon de papier. Je le dépliai. Il contenait une mèche de cheveux, grasse et grise.

Le cornet du cocher nous rappelait à la guimbarde. J'y arrivai, harassé et stupide. Que diable pouvait signifier cette ridicule aventure ? J'essayai de demander quelques renseignements au cocher. Il me répondit :

— Ah ! oui, Rino, Rina. Les deux toqués de Sidi-Ferruch ! Alors, c'est vous qui avez eu la séance, cette fois-ci ? Elle est bien bonne ! Ben ! ça vaut le voyage, pas vrai ?

Et il m'éclata de rire au nez, que je faisais long.

LE KORRIGAN

— Oui, certes, dit la comtesse Diane d'un air très convaincu, cela, je l'affirme, j'en mettrais ma main au feu, j'en donnerais ma tête à couper. Il y a parfaitement, encore aujourd'hui, des Korrigans. Ou, du moins, il y en avait encore voilà une quarantaine d'années, quand j'étais jeunette et mariée à mon premier mari. Là-dessus, je ne peux, moi, garder aucun doute. Je ne crois ni à Dieu, ni à diable. c'est entendu; mais aux Korrigans, j'y crois. Je serais une ingrate de ne pas y croire.

— Vous fûtes donc leur obligée? demanda quelqu'un.

— Oh! pas à tous, malheureusement, soupira la comtesse; mais bien à l'un d'entre eux, c'est vrai ; et son obligée d'une façon tout à fait inoubliable. Songez qu'après quarante ans passés je n'y puis songer sans un soupir de regret. Cela vous en dit long.

De nouveau, la comtesse Diane soupira, en roulant des yeux frisés et en allongeant une petite lippe voluptueuse qui exprimaient le plus cyniquement du monde un regret amoureux, et même plutôt sensuel qu'amoureux. Ce qu'elle avait l'air de regretter ainsi, c'était quelque chose comme un bon vin dont elle s'était grisée, comme un plat succulent dont elle avait pris une indigestion. Tout de suite on pensa, en s'en régalant par avance :

— Nous allons avoir de la croustille à nous mettre sous la dent. La comtesse est en veine de souvenirs égrillards.

Il faut savoir que la comtesse Diane n'était pas du tout une femme de notre époque, mais une femme du siècle dernier. Non pas par l'âge, car elle était à peine sexagénaire ; mais par les façons, l'esprit libre, même libertin, le goût des anecdotes salées, les retroussés impudents (jusqu'à l'impudicité parfois) de son papotage, l'outrageuse hardiesse de ses confessions toujours prêtes à se dévêtir en public, et enfin et surtout par son absolu manque de sens moral pour tout ce qui touche, comme elle disait si gentiment, aux choses de la galanterie.

C'est à tel point que, si on lui eût conté, sous forme d'aventure contemporaine, l'histoire de Loth ou celle d'Œdipe, volontiers elle se fût écriée à l'étourdie, sans insister davantage :

— Se sont-ils bien amusés ?

Il faut dire aussi, à sa décharge, que la comtesse Diane était ce qu'elle était, tout naturellement, naïvement, sans y chercher malice, sans même s'apercevoir qu'on pût y chercher malice. En cela encore elle n'était point de notre époque, mais bien du siècle avant-dernier, dont elle a les yeux enfantinement fripons, le nez à l'évent, la gorge insolemment découverte, la perruque blanche poudrée à la maréchale, et le visage tout en maquillage avec le coin de la lèvre ponctué d'une mouche ingénument cantharide.

La comtesse Diane a été mariée quatre fois. A un curieux lui demandant si c'était par amour, elle répondit tout à trac :

— Oui, par amour pour l'adultère.

Et, comme le benêt en paraissait offusqué, elle ajouta :

— Vous me trouvez le caractère un peu bien gai, n'est-ce pas ? Je ne l'ai pourtant pas encore aussi gai que la cuisse.

Ainsi présentée sommairement et à la galopade, on pourrait prendre la comtesse Diane pour une débauchée. Il n'en était rien, cependant. La débauche est malsaine et sale. Or, la comtesse Diane respirait la belle santé ; et, malgré tant de folies qu'elle avait faites, son âme gardait, comme elle-même, des dessous propres, en linge frais éblouissant de candeur. Et il est nécessaire de ne jamais perdre cela de vue, si on veut goûter son histoire du Korrigan avec la bonne humeur, sans arrière-pensée obscène, qu'elle mit à la conter, en toute simplesse vraiment innocente, à force d'inconsciente gaillardise.

— Alors, interrogea l'ami qui lui tenait le dé de la conversation et qui savait lui faire jouer le coup de Vénus au jeu des histoires graveleuses, alors, comtesse, tout de bon, vous avez eu affaire à un Korrigan ?

— Oui, chéri, répliqua-t-elle, et une affaire sérieuse, je vous prie de le croire !

— Si sérieuse que cela ?

— J'ose le dire. Car c'est avec ce Korrigan

que j'ai fait mon premier mari cocu pour la première fois. Vous voulez le récit de l'aventure, je le vois à vos yeux, tous braqués vers ma bouche, et la pistolettant de curiosité. Vous allez donc l'avoir. Mais, je vous préviens, que les bégueules s'en aillent ! La chose est un tantinet montée de ton. Vous en aurez tous un pied de rouge aux oreilles, même les plus gourmands de *haulte gresse*.

Pour que la comtesse prît de telles précautions préambulaires, il fallait réellement que la chose fût à rendre un singe écarlate. Et l'on pense si moi, galapiat de quatorze ans (amené là par suite de hasards impossibles à expliquer ici en quelques lignes), je sentais mon imagination de potache en éveil sensuel s'allumer déjà ! Aussi, quelle déception quand la comtesse, se tournant vers moi, me dit :

— Je ne vous fais pas, mon petit ami, l'injure de vous croire bégueule. A votre âge, ce serait trop tôt. Mais vous ne me ferez pas, en revanche, l'injure de penser que je suis une pervertisseuse de collégiens. A mon âge, ce serait trop tard. Vous serez donc extrêmement gentil d'aller fumer une cigarette dans le billard. Mon histoire dure juste une cigarette, en avalant la fumée, bien entendu, comme vous savez le faire, j'en suis sûre.

Bon gré mal gré, le nez long et penaud, je dus me retirer dans la pièce voisine, dont la porte fut soigneusement tirée et close par la comtesse elle-même, beaucoup moins vicieuse, on le voit, qu'elle n'avait la réputation de l'être.

Mais un potache n'est jamais qu'un potache, n'est-ce pas, c'est-à-dire un petit bougre très vicieux, lui, et tout assoiffé de connaître précisément ce qu'on veut lui cacher. Je n'étonnerai donc personne, et n'indignerai personne non plus, je pense, en avouant qu'aussitôt dans le billard, je collai mon oreille au trou de la serrure.

Hélas! une tenture épaisse recouvrait la porte; et la comtesse, d'ailleurs, sans doute rendue méfiante envers moi par mes regards pleins de concupiscente curiosité, la comtesse baissa justement la voix au moment le plus palpitant de son histoire. Je n'en pus, de la sorte, saisir que des bribes, dans le commencement, et peu intéressantes.

Il s'agissait d'un manoir situé dans le Finistère, près d'une forêt où vivaient des sabotiers ne parlant que le bas breton. Il s'y mêlait le tableau d'une troupe de Bohémiens hébergée au château, et qui conduisait avec elle des animaux, entre autres des ours et un grand orang-outang. Il était question aussi d'une légende où la forêt était hantée par des Korrigans, sortes de génies malfaisants et lubriques. Et après, je ne distinguai plus rien du tout, sinon des Oh! des Ah ! et des éclats de rire.

C'est ici que la comtesse avait parlé le plus bas et que j'avais perdu tout à fait le fil de l'histoire, ne sachant plus si elle avait trait aux sabotiers, aux bêtes ou aux Korrigans, et ce qui était advenu à la comtesse Diane avec les uns ou avec les autres. Et j'enrageais de ne pas comprendre, de ne pas même deviner.

Depuis, à la réflexion, j'ai compris et deviné, je crois. C'est surtout en me rappelant le bout de dialogue qu'à ma rentrée j'entendis s'échanger entre la comtesse et son ami :

— Et pourquoi diable, disait celui-ci, tenez-vous absolument, comtesse, à ce que ce soit un Korrigan ?

— Parce que, répondit-elle, si je ne m'étais pas bien convaincue de cela, j'aurais été pour jamais dégoûtée des hommes. Et j'en aurais été fort chagrine, car je les ai beaucoup aimés et j'en ai aimé beaucoup depuis. Tandis que, je le savais bien, un Korrigan, c'est unique dans la vie. Cela ne se retrouve pas.

Et de nouveau la comtesse Diane poussa un grand et profond soupir de regret.

UN HONNÊTE HOMME

— Somme toute, pensait-il, je suis un parfait honnête homme. Ma vie entière me donne le droit de me serrer la main.

Et cela, sans aucune prétention hypocrite à la vertu. Oh ! non. Il se rendait justice, voilà tout.

Un psychologue, peut-être, eût trouvé à redire à cette honnêteté, si béatement satisfaite d'elle-même. Par exemple, il est certain que notre homme ne se faisait aucun scrupule de chercher son profit dans le malheur ou le vice du prochain, pourvu qu'il n'en fût pas l'auteur premier, le seul responsable, à son avis. Mais, en fin de compte, ce n'était qu'une façon de voir, rien de plus. Il y avait là matière à discussion casuistique. Or, ce genre de discussion déplaît particulièrement aux natures simples, comme était celle de ce brave garçon. Il se fût contenté de répondre au psychologue :

— A quoi bon couper des cheveux en quatre? Moi, je suis à la bonne franquette, voilà tout.

Du reste, n'allez pas croire que cette rondeur toute simplette le condamnât à un ignoble terre-à-terre. Loin de là ! Il se piquait d'avoir un *je ne sais quoi*, un faible pour la fantaisie, pour l'imprévu. Et, si on l'eût offensé en le traitant de malhonnête homme, on l'eût contrarié davantage, peut-être, en lui attribuant des goûts bourgeois. Ainsi, pour ce qui est de l'amour, il professait une horreur toute vertueuse de l'adultère, dont la consommation l'eût empêché de se rendre ce témoignage, doux à sa conscience, que « jamais, oh ! pour ça non, jamais, au grand jamais il n'avait fait de tort à personne » !

D'autre part, il ne se contentait pas des voluptés tarifées qui « ravalent le plus noble instinct du cœur à la vulgaire satisfaction d'un besoin physique ». Il lui fallait, ainsi qu'il le disait, en levant les yeux au ciel « un peu plus d'idéal que ça » !

A vrai dire, cette recherche de l'idéal ne lui coûtait pas très grand effort. Elle se bornait purement et simplement à ne pas entrer tout de go dans les maisons au vitrage dépoli, à ne pas aborder les belles-de-nuit d'un « combien ? » tout sec ; elle consistait, surtout, à vouloir être galant, coûte que coûte, avec « ces dames », à se persuader qu'il leur plaisait pour lui-même, et à préférer celles dont l'allure, le costume, le visage, permettaient des hypothèses aventureuses, des illusions romanesques, comme par exemple : « On dirait une petite ouvrière sage encore », ou bien : « Non ; c'est plutôt une jeune veuve qui a eu des malheurs » ; ou encore : « Si c'était une femme du monde déguisée, tout de même » ! et autres turlutaines, qu'il savait fausses presque en les imaginant, mais dont la saveur imaginaire lui était, quand même, délectable.

Étant donnés des goûts pareils, il va de soi que le pèlerin était un grand amateur de foules, et surtout et avant tout un guetteur de fenestrières, rien n'étant excitant comme ces persiennes mi-closes, derrières lesquelles apparaît un visage à peine entrevu, et d'où s'échappe un furtif, furtif appel. Est-elle jeune, jolie ? Est-ce une vieille qui n'ose plus se montrer — oui, mais horriblement savante ? Est-ce, au contraire, une débutante, encore mal pourvue d'audace ?

Autant de mystères alléchants. En tout cas, c'est l'inconnu !

Et, chaque fois, il se disait : « Qui sait ? L'idéal, peut-être ! » Sûrement l'idéal, au moins pendant le temps qu'on met à gravir l'escalier dans cette ombre qu'on ignore. Et, chaque fois, en faisant l'ascension, il avait le cœur palpitant comme à un premier rendez-vous avec une première maîtresse.

Mais, jamais, au grand jamais, il n'avait éprouvé frisson pareil à celui qui le prit, le jour où il pénétra dans cette vieille, vieille maison de la rue des Petites-Haudriettes. Pourquoi ? il eût été incapable de le dire. Car il avait souvent cherché fortune dans des endroits plus étranges. Ce jour-là, brusquement, sans raison, il eut le pressentiment qu'il entrait dans une aventure. Et ce lui fut un délicieux, et long, long chatouillement de plaisir.

La fenestrière, qui lui avait fait signe, logeait au troisième étage. De la première marche à la cinquante-sixième (car il les compta), son émotion ne fit que croître ; et, lorsqu'il arriva sur le palier, son cœur battait une charge éperdue. En même temps, au fur et à mesure qu'il montait, il avait respiré une odeur très particulière, de plus en plus forte. Tout en dénombrant les marches, il avait essayé d'analyser cette odeur sans parvenir à en déterminer autre chose que l'espèce.

— Ça pue l'hôpital. C'est curieux ! J'ai déjà senti ça quelque part.

La porte de gauche, au fond du corridor du troisième, s'entr'ouvrit comme il mettait le pied sur le palier ; et la femme lui dit d'une voix douce :

— Entre, mon petit homme.

Une bouffée de l'odeur puante lui sauta aux narines, par la porte grande ouverte pour lui donner passage ; et, soudain, il s'écria :

— Ah ! j'y suis maintenant ! Que je suis bête ! C'était, pourtant, bien facile à reconnaître : c'est du phénol, parbleu !

— Bien sûr ! répondit la femme. Est-ce que tu n'aimes pas ça, mon chéri ? C'est très hygiénique, tu sais !

Elle n'était point laide, la femme, quoique un peu mûre. Elle avait surtout d'assez beaux yeux, battus et tristes. Et cela donnait un ragoût spécial d'étrangeté au sourire vague qu'elle tâchait d'esquisser pour paraître plus avenante.

Sous le coup du pressentiment qu'il avait eu

tout à l'heure et repris de plus belle par ses imaginations romanesques, l'homme se prit à penser, ravi à cette idée :

— Je vois ! C'est une veuve que la misère force à se vendre.

Le logement était petit, très proprement tenu, non sans un grain de coquetterie même, ce qui le confirma dans ses suppositions. Il visita l'une après l'autre les trois pièces en enfilade. La chambre à coucher était la première ; puis venait une sorte de petit salon, puis une salle à manger qui devait aussi servir de cuisine, car le milieu en était occupé par un poêle flamand sur lequel mijotait un ragoût à tout petits bouillons. Il fleurait, ma foi ! bon, ce ragoût. Et, pourtant, c'est dans cette pièce-là que l'odeur de phénol était la plus forte. Il en fit la remarque, et ajouta gaiement :

— Ah ! ça, dis donc, tu en mets dans le rata ?

Tout en riant, il avait posé la main sur la poignée de cuivre de la porte vitrée. Il voulait tout voir, même ce recoin, qui, selon les apparences, devait être quelque cabinet de débarras.

— Oh ! non, non, mon chéri ! Pas là ! Pas là ! Tu ne peux pas !

La femme s'était cramponnée à lui et le tirait violemment en arrière.

— Comment, je ne peux pas ? répondit-il, son désir d'y entrer devenant plus vif.

Et, d'un geste brusque, il ouvrit la porte vitrée. L'odeur de phénol le fouetta au visage. Il recula.

Sur un petit lit en fer, il venait de voir un cadavre, — un cadavre d'enfant — fantastiquement éclairé par une bougie. Epouvanté, il se détourna pour fuir.

— Reste, reste, je t'en conjure, mon petit homme !

Et, dans un déluge de larmes, elle lui conta que c'était le gosse d'une amie à elle, morte depuis six mois, et qu'il était là, lui, depuis deux jours, et que l'argent manquait à la maison pour les frais d'enterrement. Dix francs ! il ne lui manquait plus que dix francs !

— Dix francs ! Qu'est-ce que ça te fait. Ne t'en va pas, mon chéri. Reste, dis. Tu verras comme je suis gentille.

— Ah ! bien, non, fit-il. Je vais te donner les dix francs. Mais pour rester, non, jamais de la vie.

Au seuil, pourtant, il réfléchit. Il allait perdre

dix francs. Cette femme, en somme, faisait bravement son métier. Quel mal, après tout, à ce qu'il profitât de ses bonnes dispositions ? Et puis, voilà qui n'était pas bourgeois ! La fantaisie, l'imprévu...

— Ecoute ! dit-il, en se retournant, d'une voix tremblante, si au lieu de dix francs je t'en donnais... vingt, tu pourrais aussi, n'est-ce pas, acheter des fleurs ?

Vrai, vrai ! dit la malheureuse, la face tout illuminée de joie. Vrai ? tu me donnerais vingt francs ?

— Hé oui ! répliqua-t-il, d'un petit ton léger. Et même plus. Ça dépend de toi, ma chère !

Et, tout en se frottant les mains, il ajoutait à part lui, en se rengorgeant intérieurement :

— C'est égal ; on a beau dire, je suis un honnête homme, tout de même !

UN MONSTRE

La baraque, lamentable et comme honteuse de sa pauvreté, était située tout au bout du champ de foire, à l'endroit infréquenté où l'emplacement coûte moins cher. Elle n'avait pour éclairage que deux maigres lampes à pétrole, de flamme fumeuse, tremblotante et puante. Dans leur lumière rousse, ainsi que dans un brouillard, dansaient sur la toile d'enseigne des figures aux couleurs débuées, en grisaille fantômale. On y distinguait, ou plutôt on y devinait, une espèce de Quasimodo amputé des avant-bras, assis entre de courtes jambes de grenouille repliées contre le torse, et, autour de lui, en éventail, avec des faces d'admiration, un ouvrier, un paysan, une nourrice son poupon au bras, une dame du monde décolletée jusqu'au nombril, un monsieur raide dans son frac et un maréchal de France sabré du grand cordon. Presque aussi vagues et déteints que les personnages du tableau, en costumes flétris et en maillots reprisés sous des souquenilles sans ton appréciable, quatre spectres aux apparences de femmes faisaient un semblant de parade devant le pauvre *entresort*, les pieds dans la boue, les regards mélancoliques fouillant l'ombre où ne s'arrêtait aucun passant alléché. Et qui, en effet, sinon un curieux de misère et un amoureux des misérables, qui diable pouvait bien être attiré par les promesses d'une si calamiteuse enseigne, par ces tristes lampes pareilles à des lumignons de caveau funéraire, et surtout, surtout, par ces quatre malheureuses grelottant sous des paletots d'homme, et laides d'une laideur à ne pas même faire rire, mais à faire plutôt pleurer? Car, en vérité, les larmes venaient aux yeux à contempler leur essai de parade, la plus âgée tambourinant sur une caisse aux sanglots sourds, une autre secouant une cloche enrhumée, la troisième arrachant des hoquets de couacs à l'agonie d'un accordéon poussif, tandis que la plus jeune esquissait des pas avec une lenteur de larve qui s'étire.

Et tous les soirs, depuis huit jours, c'était la même chose. Tous les soirs je me retrouvais là, seul ou à peu près, devant la baraque lamentable, dans laquelle je pénétrais aussi tumultueusement que possible, pour tâcher d'entraîner par mon exemple les deux pelés et un tondu que ma halte tenace faisait arrêter parfois. Oui, deux pelés et un tondu, pas davantage ! Car jamais nous n'avions été cinq spectateurs ensemble, malgré les cris enroués de la femme qui glapissait :

— Entrez, mesdames et messieurs, entrez ! Suivez la foule !

Et cependant, il valait la peine d'être vu, le Quasimodo qu'annonçait l'enseigne calamiteuse. C'était un brave monstre, et qui faisait de son mieux pour être agréable au public, et qui nous en donnait, à nous quatre, plus que pour notre argent, bien sûr, et tout autant, ma foi, que si chacun de nous avait été le propre maréchal de France peint sur la calamiteuse enseigne.

Avec ses deux moignons sans avant-bras, dont le coude était remplacé par un unique doigt sans phalanges, il se versait à boire et buvait, se découpait du pain et mangeait, enfilait une aiguille et cousait, chargeait une carabine et dégotait une pomme placée sur la tête d'un de ses enfants, *à l'instar de Guillaume Tell.* Avec ses jambes de grenouille, repliées contre son torse et qui n'avaient de ressort que du genou à la cheville, il bondissait jusqu'au niveau d'une table où il *se rétablissait* d'un coup de moignons. Pour finir, la larve et lui dansaient un ballet pantomime de *la Belle et la Bête*, pendant lequel il se mettait tout en nage, tantôt à sauteler sur ses molles guiboiles comme un insecte estropié, tantôt à faire l'arbre fourchu en équilibre sur sa tête et ses deux doigts, tantôt à se redresser par un saut de carpe qui lui plaquait le cul au plancher d'une secousse brutale et écrasante, à croire qu'il allait s'y aplatir tout entier, les reins rompus, la tête rentrée dans la poitrine, la viande et les tripes s'effondrant.

Et cela, le pauvre monstre, avec son pauvre corps de vieillard, avec une barbe et des cheveux d'apôtre, blancs et vénérables.

Inutile de dire, n'est-ce pas? qu'au lieu des quatre sous demandés (quatre aux premières, deux aux secondes), je donnais chaque soir au brave monstre une pièce blanche. Une pièce blanche aussi à la si dolente larve qui marmonnail ensuite, si lugubrement, en vous allongeant sous le nez une tasse en fer battu :

— N'oubliez pas mes petits bénéfices !

Tant et si bien qu'un jour il éprouva le besoin de me montrer sa gratitude, l'honnête monstre, et ne se contenta plus du banal merci habituel, mais ajouta d'un air ému :

— A la bonne heure, vous, monsieur, vous êtes un connaisseur.

Je répondis au compliment, cela va de soi, par un autre. Une conversation s'engagea. La sympathie germait. Je ne pouvais moins faire que de l'arroser avec un bon litre. Un litre en appelle un second. Au troisième, le monstre me confiait ses peines :

— Non, allez, je n'ai pas de chance. Des guignes, des guignes et des guignes, v'là ma vie ! Et pourtant, bon Dieu de nom de Dieu, j'avais tout ce qu'il faut pour réussir.

Ce disant, il montrait ses moignons et ses jambes.

— Ah ! fichtre, oui, tout ce qu'il faut ! Des flûtes à la manque, comme on n'en voit guère, et des ailerons comme on n'en voit pas. Seulement, voilà, j'ai été gourmand. Ambitieux, quoi ! J'm'ai imaginé qu'avec une femme dans mon genre nous aurions des gosses je n'te dis qu'ça, des phénomènes de choix, à gagner des cents et des mille. Alors je m'ai mis en ménage avec Naïde. Vous l'avez p't-être connue aut'fois, Naïde, la grosse Zénaïde, qu'on appelait la Vénus-tronc? Une cul-de-jatte, mais une cul-de-jatte perfectionnée, sans abattis d'en haut ni d'en bas.

— Non, j'ai connu seulement Césarine, la Vénus au râble.

— Oh! oui, une pochetée! Elle avait des bras. Mais Naïde, du flan, en fait de bras! Deux petites nageoires aux épaules, pas plus! Et quant au train d' derrière, nisco! Un derrière, et pas de train. Des fesses, un point, et c'est tout.

Les yeux du monstre se voilèrent d'un souvenir attendri; puis il continua, son visage changeant soudain d'expression, et devenu aigre :

— La garce, tout d'même! Bâtie comme ça, qui qui m'aurait dit qu'elle me tromperait?

Je pris la mine compatissante que demande une confidence de cocu. Il le comprit et s'écria vivement :

— Non, non, pas comme vous croyez, qu'elle

me trompa. C'était une vertu, savez, Naïde. Elle m'aimait autant que j'l'aimais. Nous nous sommes jamais fait de queues, ni moi, ni elle, j'vous en réponds. En quoi elle m'a foutu dedans, c'est rapport aux gosses, vous comprenez. Six, que nous en avons eu, en six ans, et tous les six sans une avarie, tous les six entiers, comme tout le monde. Est-ce une guigne, ça, hein? Est-ce une guigne? Non, mais, nom de Dieu, c'en est-il une, de guigne?

Il crut lire dans mon regard une sorte de reproche blâmant l'entêtement de ses tentatives.

— J'vois bien, fit-il. Vous vous d'mandez pourquoi que j'm'ostinais. J'vas vous dire. Entre le premier et le second, y avait eu une fausse couche d'un avorton, vous concevez, d'un môme à la choquotte qu'avait l'fondement de sa mère. C'est pourquoi j'm'ostinais. Nous avions toujours l'espoir d'un nouveau lardon pareil à c'lancier-là, et qu'aurait vécu. Ah! c'qu'il aurait été l'Béjamin, ç'ui-là! Il nous aurait un peu consolés des autres.

J'insinuai que les autres me semblaient se conduire en enfants très gentils pour leur père et qu'ainsi...

— Gentils, gentils, s'écria-t-il, vous croyez ça, vous! Oui, sûr, c'est pas des mauvaises filles. Vous les avez vues au turbin; elles font ce qu'elles peuvent. Mais attendez un peu. Vous jugerez t't'à l'heure. Que j'finisse d'abord mon boniment sur Naïde! Malgré tout, elle et moi nous pouvions boulotter. C'était un couple palas, à la r'mouche; et quand on nous avait regardés, on ne r'grettait pas son pognon, pas vrai! Bon, v'là qu'au septième accouchement, ell'me lâche. Ell'crapse! Morto, Naïde! Bonsoir, la Vénus-tronc! Et je reste seul, tout seul avec six nom de Dieu de propre-à-rien sur les bras.

Il les levait au ciel ses infirmes bras, ses courageux moignons et je vous jure que sa baroque image n'avait en ce moment rien de ridicule.

— Mais ce n'est pas encore ma dernière guigne, reprit-il. Voici l'bouquet! J'suis ostiné, ça, je n'dis pas non. On n'peut pas se r'faire, pas? Aussi, quand ma fille aînée a eu ses dix-huit ans (vous savez, celle qui fait l'tapin à la porte), j'ai r'pris confiance. Paraît, à c'qu'on m'a raconté, qu'les boscos ça saute une génération. Alors j'ai pensé qu'ma fille pourrait avoir des gosses pareils à ma femme et à Bibi, et

pour être plus sûr qu'ça prendrait, ou au moins
quéqu'chose d'approchant, je l'ai mariée à un
gonce qu'avait qu'une quille, et d'naissance.
Ell'n'l'aimait pas, mais elle a consenti quand
même. Elle est pas bête. Ell'comprenait qu'il
fallait ça pour nous r'quinquer.

— Eh bien, dis-je, si vous ne la trouvez pas
gentille, celle-là, vous êtes difficile, vraiment.
Il me semble que voilà une fille comme on n'en
voit guère.

— Elle, s'écria-t-il, furieux, elle! Ah!
l'chameau! Mais attendez donc, que j'vous dis,
attendez! Ou plutôt, non, venez juger vous-
même, par vos yeux, venez regarder comme
elle est gentille, cette rosse-là! Venez voir les
salops d'enfants qu'elle s'amuse à faire, et par
deux à la fois, vous entendez, par deux. Oui,
des jumeaux à chaque coup, monsieur! Deux il
y a un an, et deux il y a quinze jours. Venez
voir ça, ça vaut la peine!

Il était ivre, et de colère et du vin bu, et
d'avoir rebu toutes ses malchances en me les
racontant.

Il m'avait, de son unique doigt, saisi la main;
et, suspendu au bout de mon bras, s'appuyant
par terre de son moignon libre, il m'entraî-

nait hors du mastroquet par sauts convulsifs.

En quelques bonds nous avions traversé la chaussée et grimpé les cinq marches de sa bagnole.

Dessous, abritées du vent tant bien que mal par une bâche en loques, ronflaient pêle-mêle dans la paille ses six filles. A l'intérieur de la roulante, il y avait un lit où je vis, à la lueur d'une chandelle allumée, quatre enfants endormis, deux au pied, deux à la tête.

Il souleva doucement la couverture et me dit, à voix très basse, de manière à ne point les réveiller :

— Hein ! ces cochons-là, croyez-vous qu'c'est rigolo ! Pas un stropiat, nom de Dieu, pas un ! Tous au complet ! Et ils me prennent mon pieu, encore ! Oui, j'couch' sur le parquet, là, dans ce coin, pour leurs-y laisser la place, à ces muff's-là.

En ce moment, les deux plus petits s'agitèrent et se mirent à miauler, tendant les bras, comme vers leur nourrice.

— Voilà, voilà ! fit le monstre ; on vous sert, feignants. Oui, monsieur, faut que j'sois leur larbin aussi. La mère n'a pas de lait, la sacrée vache ! Alors, c'est moi qui...

Il leur fourrait dans la bouche, avec des précautions infinies, à chacun un biberon fait d'un litre à en-bout de caoutchouc, biberon probablement confectionné par lui, lui l'infirme aux deux moignons!

— Et du vrai bon lait, dit-il. Du lait rupin! Du lait qui me coûte quat'ronds la chopine. Du lait d'gens riches! Et faut voir c'qu'ils s'en appuient sur l'estomac, les gougnafiasses!

Doucement, câlinement, maternellement, il soulevait les litres de ses deux charitables moignons, et sa face s'illuminait en face extasiée de grand-papa gâteau, et se retournant vers moi, les yeux humides et caressants, il ajouta dans un tendre sourire :

— Dame! Qué qu'vous voulez! On n'peut pourtant pas les laisser crever, les pauv'bougres, sous prétexte qu'ils ont tous leurs membres et qu'ils sont foutus comm' des anges.

LES DEUX GWAZ

Quand on demande aux bonnes gens de Ploubaznaëc où se trouvent les plus beaux homards du monde, les bonnes gens de Ploubaznaëc sont d'accord pour vous répondre aussitôt, sans la moindre hésitation :

— Les plus beaux homards du monde se trouvent à Ploubaznaëc.

Et quand on demande aux bonnes gens de Ploubaznaëc où se trouvent les plus beaux homards de Ploubaznaëc, les bonnes gens de Ploubaznaëc sont d'accord pareillement pour vous répondre tout de même aussitôt, et sans la moindre hésitation, pas plus cette fois-ci que l'autre :

— Les plus beaux homards de Ploubaznaëc se trouvent à l'entre-trois des cailloux dits les Haches de Ploubaznaëc, juste à l'endroit où les remous du goulet forment le tourbillon dit l'entonnoir de Ploubaznaëc.

C'est absolument comme si les bonnes gens de Ploubaznaëc étaient d'accord pour vous déclarer que les plus beaux homards de Ploubaznaëc existent seulement dans leur imagination, et à l'état de homards légendaires ; car du diable s'il est humainement possible d'aller poser des casiers à homards dans l'entonnoir de Ploubaznaëc ! N'eût-on fait que passer en vue des Haches, à deux cents brasses au moins pour éviter les courants qui vous y portent, n'eût-on fait que voir ainsi de loin les furieuses écumes du tourbillon, et en entendre à distance respectueuse le formidable mugissement, on est convaincu de reste que jamais personne au monde n'est allé pêcher, ni même n'a pensé à aller pêcher là les plus beaux homards de Ploubaznaëc.

Et cependant, quand on dit cela aux bonnes gens de Ploubaznaëc, les bonnes gens de Ploubaznaëc sont d'accord toujours pour vous répondre aussitôt, et toujours sans la moindre hésitation, bien entendu :

— Personne au monde, c'est vrai, excepté toujours les deux Gwaz.

Et, comme les bonnes gens de Ploubaznaëc

sont tout ensemble très fiers de posséder les deux Gwaz et très jaloux des deux Gwaz, ils vous laissent en plan là-dessus, jouissant de votre admiration pour Ploubaznaëc, son entonnoir, ses homards et ses deux Gwaz, mais sans vouloir vous donner l'ombre d'un renseignement de plus sur les deux Gwaz, quelque envie que l'on manifeste de connaître mieux, pour les admirer encore davantage, les deux Gwaz, et surtout leurs homards, les plus beaux homards de Ploubaznaëc, et par conséquent les plus beaux homards du monde entier.

A force de patiente astuce, néanmoins, et au moyen de nombreuses tasses d'eau-de-vie ingénieusement offertes, je finis par obtenir certains détails circonstanciés sur les deux Gwaz, par exemple ceux-ci, qui me parurent assez précieux, quoique contradictoires.

— Les deux Gwaz sont de fins marins, fil bitors premier brin.

— Les deux Gwaz sont des *diots* qui ne savent que ça, et encore ça.

— Les deux Gwaz ont un bateau qui a le Diable à la barre.

— Les deux Gwaz ont un sabot dont ne veut pas l'eau.

— Les deux Gwaz ont un compas du temps où il n'y en avait pas.

— Les deux Gwaz ne vont que les nuits de lune verte.

Et enfin, me fut donné ce dernier renseignement, résumant fort bien tous les autres, me semblait-il, mais qui m'éclairait fort peu :

— Les deux Gwaz, en somme, ce sont les deux Gwaz.

Voilà qui allait des mieux, sans doute ; mais j'eusse préféré de beaucoup voir moi-même, de mes propres yeux, les deux Gwaz en chair et en os, et les interroger sur les fameux homards. Mais, me les faire voir, ces deux extraordinaires Gwaz, c'est ce dont personne ne voulait me fournir l'occasion, malgré toute mon astuce et toutes mes tasses d'eau-de-vie. Quand je parlais de cela aux bonnes gens de Ploubaznaëc, les bonnes gens de Ploubaznaëc étaient, plus que jamais, d'accord pour ne me rien répondre du tout, et pour faire semblant de ne pas même comprendre ce que je demandais.

J'en fus réduit à essayer de les reconnaître, sur le port, les deux Gwaz, d'après le très vague signalement que j'en avais. Me les figurant comme des gas jeunes, hardis et aventureux, je cherchais parmi ceux-là, qui ne manquent pas à Ploubaznaëc. Aussi cherchais-je en vain. Il y en avait trop !

A défaut des gas, peut-être avais-je chance, au moins, de reconnaître leur bateau, qui devait être une merveille de bateau, pour affronter l'entre-trois des Haches et les affres de l'entonnoir. Mais tous les bateaux de Ploubaznaëc sont, comme on le sait, des merveilles de bateau. Et, de ce côté encore, mon enquête fit chou blanc.

En désespoir de cause, j'avais renoncé à voir les deux Gwaz, quand, un soir, sur le quai, j'entendis un gamin dire près de moi :

— Tiens ! le bateau des deux Gwaz n'a plus son bout-dehors !

Il n'y avait à quai qu'un seul bateau dont le bout-dehors, en effet, était rompu à ras de l'étrave. Je demeurai stupéfait que ce fût là le bateau des deux Gwaz. Car c'était une antique carcasse, rafistolée de calfatages sommaires, et où il restait, certes, moins de bois que d'étoupes bouchant les trous. Aller, là-dessus, là-bas, ce n'était plus de l'audace, mais de la folie, pour sûr ! Du coup, mon désir de connaître les deux Gwaz se changea en frénésie, simplement.

— Ah! ça, dis-je au gamin, ils ont donc le bateau de Mathusalem, les deux Gwaz?

— Dame! répliqua-t-il, ils peuvent bien l'avoir, puisqu'ils le sont.

Je tombai de mon haut. Quoi! les deux Gwaz n'étaient point de jeunes gas, alors? A tout hasard, plaidant le faux pour savoir le vrai, et faisant comme si je connaissais les deux Gwaz, je lançai négligemment :

— Bah! ils ne sont pas si vieux que ça, les deux Gwaz, si vieux, si vieux !

— Oh! riposta le gamin, ils ont tout de même bien, les deux Gwaz, dans les cent quatre-vingts ans au moins, si ce n'est pas plus, à eux deux.

Continuant à jouer l'entendu, j'insinuai que je ne le croyais pas.

— Voyons! fit le gamin. Mais la femme, à elle seule, en a quatre-vingt-quinze passés.

La femme! Il avait bien dit « la femme » ! Les deux Gwaz étaient donc le couple Gwaz, — il y avait une Gwaz femme ! Et c'étaient ces deux nonagénaires, dont une nonagénaire, qui allaient, sur ce morceau de bois pourri, poser des casiers à homards dans l'entre-trois des Haches, dans le monstrueux tourbillon en entonnoir de Ploubaznaëc !

J'étais seul, sur le quai, avec le gamin. Je lui mis dans la paume une poignée de pièces blanches, et je lui dis, joignant la persuasion à la menace :

— Montre-moi les deux Gwaz, et tout cela est pour toi. Si tu ne me les montres pas, je te reprends tout et je te flanque une pile, oh ! mais une pile, tu sais, que les os t'en fumeront.

C'était lâche, j'en conviens. Tant pis ! je voulais connaître les deux Gwaz. Mettez-vous à ma place !

— Tenez, dit le gamin, les voici, les deux Gwaz. Ils remontent de la jetée. Et ils en ont un vrai, de homard, aujourd'hui ! Regardez-moi c't'homard !

Deux êtres montaient de la jetée, en effet, portant un grand panier où était ficelé un homard énorme, qui me parut long de près d'un mètre. Mais si fantastique que fût la bête, les pêcheurs étaient plus fantastiques encore, pareillement vêtus d'un ciré jaune, coiffés d'un suroît, culottés d'une salopette et chaussés de sabots-bottes, le tout usé, tanné, rapiécé, ridé, recroquevillé, moins que leurs visages toutefois, lesquels se ressemblaient, d'ailleurs, couleur de hareng-saur mariné dans du jus de chique, absolument glabres, et n'ayant plus de vivant que de petits yeux très clairs et une petite pipette fumant entre le nez et le menton.

— Ils sont encore soûls, les deux Gwaz, fit le gamin. Dame ! Chaque fois qu'ils vont là-bas, ils en reviennent avec chacun leur litre d'eau-de-vie dans la gargarousse. Et dire qu'ils font ça depuis soixante-dix ans !

Mais je ne l'écoutais plus. Je n'avais plus besoin, sur les deux Gwaz, que d'un seul renseignement, d'un seul, que je demandai presque avec rage :

— Quelle est, des deux, la femme ?

Le gamin avait fait un bond loin de moi. De loin, il me regarda en clignant de l'œil et me répondit :

— Vous le savez bien, voyons !

Et, comme les bonnes gens de Ploubaznaëc sont malins, avec leur air benêt, et comme ce gamin était la fine fleur des bonnes gens de Ploubaznaëc, il ajouta, dans un éclat de rire :

— C'est l'autre !

UNE CONFESSION

— Ah! mon pauvre cher enfant, vous ne savez pas de quoi vous vous privez à n'être pas catholique, de quelles joies profondes, originales, complexes, de quel ragoût toujours nouveau assaisonnant cette vie si fade, de quels étranges piments pour les passions, et, en attendant l'angélique paradis possible à gagner dans l'autre monde, de quels paradis endiablés dans celui-ci!

A l'époque où me parlait de la sorte, dans sa vieille gentilhommière de Thiérache, le comte de Myers, qui avait alors une soixantaine d'années, j'étais moi-même un trop jeune homme pour le bien comprendre. Frais émoulu de mes études philosophiques, très fier de mon athéisme indépendant, je regimbais contre toute tentative de m'amener à une foi religieuse. Et c'est cela, sans plus, que je voyais dans l'argument *ad hominem* par quoi l'astucieux vieillard (pensais-je avec méfiance) tâchait de m'endoctriner.

Je ne me rendis compte que beaucoup plus tard de ce qu'il voulait dire en ce temps-là; et peut-être même l'eussé-je toujours ignoré, si je n'avais appris, par la suite, grâce au hasard d'indiscrétions posthumes, l'extraordinaire histoire de ce singulier catholique.

En ce temps-là, d'ailleurs, je l'avoue, n'ayant pas encore pris l'habitude de lire les gens entre les lignes, je ne pouvais guère m'imaginer que ce bonhomme, simple hobereau d'allures banales, régulières, étroitement dévoticuses, eût quelque chance d'avoir été le héros d'un roman à la Barbey d'Aurévilly.

Telle était la vérité, cependant. Mais qui s'en serait douté?

— Moi, amon! Et dès le preume jour où nô maître est revenu se terrer au pays, sans sa femme et seul avec sin fieu.

Mais il faut dire que celui qui me répondait ainsi, vingt ans après, ce n'était pas un échappé de collège, c'était mon vieil ami le Borgnot, un fin ferlampier de Thiérache, taupier, braconnier, contrebandier, rebouteur, dont l'unique petit œil savait vriller les cœurs rien qu'en vous regardant à la dérobée, et dont les deux grandes oreilles poilues emmagasinaient tous les ragots du pays, y compris, prétendait-il, jusqu'aux secrets du confessionnal.

Que cette prétention fût justifiée, ma foi, je n'en pus douter, aux révélations qu'il me fit, et qu'on avait dû lui faire. Qui, sinon le confesseur *in extremis* du comte de Myers? Mais comment lui, le Borgnot, avait-il eu accointance, et poussée si loin, avec le capucin missionnaire qui avait assisté le comte de Myers à son lit de mort? Voilà ce que le Borgnot ne me dit point.

— Tous les ferlampiers sont amiteux l's uns pou'l's autres.

Je n'en pus tirer davantage. L'explique qui pourra! Aussi bien, qu'importe? L'essentiel est que l'histoire soit belle. Et je crois qu'elle l'est.

Quand le moine, en mission pour prêcher la retraite de Carême à Vervins, fut arrivé au chevet de l'agonisant, après cinq heures de carriole par des chemins de traverse, ses premières paroles furent :

— Pourquoi m'avez-vous envoyé chercher précisément par cet homme, qui fut la cause première de tous les malheurs survenus chez vous?

A quoi le comte de Myers répondit, avec la nette tranquillité de quelqu'un qui avait encore l'âme chevillée dans son corps moribond :

— Parce que j'étais sûr que lui seul, le Borgnot, vous déciderait à le suivre jusqu'ici, parce que je savais bien que vous le reconnaîtriez, sans l'avoir jamais vu, mais d'après ce que mon fils vous a dit de lui.

Il prononça ce « mon fils » d'un ton ironique, puis ajouta :

— Mon fils, ou plutôt, vous ne l'ignorez pas, le fils de cet homme.

Le moine ne put s'empêcher, à ces mots, de tressaillir, et dit :

— Comment connaissez-vous mes relations de prêtre à pénitent avec le vicomte de Myers, et surtout ce que j'ai appris de lui en confession? Et m'avez vous donc appelé ici, en somme, pour me confesser à mon tour, ou pour vous confesser vous-même?

Le ton du moine était dur, presque méchant. Mais le vieillard n'eut pas l'air d'y prendre garde, et continua d'une voix très calme :

— Je vous ai appelé ici, mon Révérend Père, pour me confesser moi-même avant de mourir, et pour recevoir de vos mains, à vous, l'absolution que je crois avoir méritée. Vous seul, en effet, pouvez me la donner en toute connaissance de cause. Vous avez entendu, je le sais, le vicomte de Myers au tribunal de la pénitence. Vous allez m'y entendre de même, et à mon dernier moment. Vous aurez donc la compétence qu'il faut pour me juger. Je m'en rapporte à votre arrêt pour paraître pur devant Dieu.

A cet appel, fait avec toute l'onction et toute l'humilité désirables, le moine ne put répondre qu'en acquiesçant, comme l'y obligeait son saint ministère ; et l'agonisant entra en confession.

— Lorsque j'eus acquis, dit-il, la certitude du crime abominable commis par ma femme, lorsque j'eus en mains la preuve de cet adultère perpétré dans d'aussi atroces et aussi basses circonstances, je crus que j'allais mourir de douleur ou devenir fou. Ainsi, elle avait profité de ma maladie pour me tromper! Et avec qui? Avec ce valet, cet apprenti garde-chasse, ce petit *va-trop* de ferme, qu'elle avait dû débaucher! Et elle était grosse de ses œuvres! Et l'enfant qu'elle portait, qui allait devenir l'héritier de mon nom, c'était le fruit de cette immonde et crapuleuse trahison! Ah! je l'avoue, la première pensée qui me vint fut de me venger, de la punir, d'anéantir dans un meurtre légitime cet infâme passé, cet avenir ignoble. Dites, mon Révérend Père, dites, selon la loi humaine, n'en avais-je pas le droit?

— Selon la loi divine, répliqua le moine, vous n'aviez que le devoir de pardonner.

— C'est ce que je fis, reprit vivement le vieillard. Je ne tuai point, en effet. Je ne manifestai même rien, ni de mes tortures, ni de ma juste indignation. Personne au monde ne put soupçonner que j'étais instruit de quoi que ce fût. C'était plus que du pardon, il me semble. C'était comme un oubli absolu.

— Vous n'aviez pas oublié, cependant, interrompit le moine.

— J'en conviens, fit le comte de Myers avec un aigre sourire et un pâle éclair au fond de ses yeux mornes. Non, je n'avais pas oublié. Je n'ai pas oublié encore. Mais je me suis vengé à ma façon, en respectant la loi divine, et en laissant simplement les choses suivre leur cours fatal selon la loi humaine.

— Vous les y avez aidées, dit violemment le moine.

— Ceci, répondit le mourant, est l'opinion du vicomte, sans doute! Permettez-moi d'éclairer la vôtre. Si je n'avais pas été le catholique fervent que je suis, qu'aurais-je fait, je vous prie, pour me venger de la mère indigne sur son fils? J'aurais mis tous mes soins à développer dans ce fils les instincts pervers de son mauvais sang. Je me suis appliqué, au contraire, à les réfréner. J'ai fait donner à ce fils une éducation parfaite, chrétienne. J'ai voulu qu'il fût non seulement un honnête homme, mais presque un saint. Et j'y suis arrivé. Il en est un. Est-ce vrai?

— C'est vrai, dit le moine. Lui est cela. Mais elle?

— Elle, reprit férocement le vieillard, je l'ai abandonnée à ses vices, je lui en ai laissé chercher les occasions. De cela, oui, je m'accuse. Certes, il y eut de ma faute dans sa chute progressive. J'ai péché par complaisance envers les plus sales besoins de sa nature. J'ai fermé les yeux à ses débordements, de jour en jour plus monstrueux. J'en ai, d'ailleurs, subi le châtiment, en souffrant qu'elle traînât mon nom dans la suprême boue d'ignominie où elle est tombée. Mon péché, à cet égard, ne doit-il pas m'être remis, puisque j'en ai fait pénitence si âprement, par la honte d'accepter, que ma femme, la comtesse de Myers, soit devenue d'abord une adultère publiquement connue comme telle, puis une véritable courtisane, puis une vieille-garde de la galanterie parisienne, puis enfin ce qu'elle est aujourd'hui, une horrible et répugnante prostituée de bas étage?

— Que Dieu juge ce que vous avez fait là! répondit le moine. Lui seul peut savoir si la pénitence vous fut cruelle et a racheté votre crime. A moi, il me semble que, ce crime, vous vous en délectez encore. Du moins en avez-vous joui avec la plus implacable cruauté, le jour où vous avez fait savoir au vicomte de Myers qu'il n'était pas votre fils, qu'il était le bâtard adultérin du Borgnot, et qu'il avait pour mère cette hideuse pourriture dont vous avez tenacement et savamment désiré, préparé, voulu, l'abomination.

Le comte de Myers se mit sur son séant. Ses regards flambaient. Son aigre sourire s'était crispé en un rictus de fauve. Sa voix rauqua, parmi des hoquets de râle, ces paroles, fortement articulées :

— Les choses ont suivi et suivront leur cours fatal. Que le saint, maintenant, s'arrange avec la pourriture ! Qu'il sorte ce qui doit sortir de ce choc entre le fils et la mère ! Qu'ils y trouvent leur enfer en ce monde et dans l'autre ! Moi, cela ne me regarde plus. Moi, si j'ai péché, je m'en repens. Moi, je me suis confessé. Moi, je demande, j'exige, l'absolution.

D'un verbe rude, le moine lui cria, en plein visage :

— Puisque vous voulez qu'on vous pardonne, dites si vous avez pardonné. Non, non, je le vois, même en cet instant, même avec la certitude, si vous ne pardonnez pas, d'être damné pour l'éternité, vous ne pardonnez pas encore.

— Eh bien ! non, clama l'agonisant ; non, je ne pardonne pas. Je ne peux pas pardonner. Si je disais que je pardonne, je mentirais, et pour ce mensonge-là, je serais quand même damné. Mais que m'importe la damnation ? Dans les tortures éternelles, l'idée que je ne pardonne pas me sera une éternelle douceur.

Et le comte de Myers mourut en murmurant avec une extatique béatitude :

— Soyez béni, mon Dieu, qui m'avez gardé au cœur cette foi consolante!

Ainsi me fut contée, par le Borgnot qui en ricanait, la fin du comte de Myers. Ainsi me fut connue l'extraordinaire histoire de ce singulier catholique. Et alors seulement je me rendis compte du héros de roman à la Barbey d'Aurévilly qu'avait été ce simple hobereau d'allures banales, régulières, étroitement dévotieuses. Et alors aussi je pus comprendre ce qu'il avait voulu me dire jadis, dans sa vieille gentilhommière de Thiérache.

Et j'ai beau être resté un mécréant très endurci, je lui porte envie parfois, à cet heureux croyant, dont la vie aura goûté de tels paradis endiablés, comme il disait, et dont la mort a été cette minute de vie intense, au paroxysme de la passion, dans la certitude absolue et la sensation réelle d'un éternel enfer paradisiaque.

LA BOURSE MAUVE

La septuagénaire baronne Marie-Thérèse de Braigailles, aujourd'hui, et depuis fort longtemps déjà, tout à fait retirée du monde, en a été pendant plus de trente ans une des reines indiscutées et indiscutables. Il va de soi qu'à ce titre elle a dû être en butte à bien des calomnies ; et ainsi sa bonne réputation courrait grand risque, si jamais quelque Bussy-Rabutin s'avisait d'écrire pour nos arrière-neveux l'*Histoire amoureuse des Gaules* à notre époque. Mais, fût-ce en ne tenant aucun compte des légendes médisantes, il n'en reste pas moins acquis que l'aimable femme, même n'eût-elle payé de retour aucun de ses adorateurs, a été souvent, et beaucoup, et passionnément adorée.

Aussi fut-elle la première à sourire en prononçant, l'autre soir, cette phrase, absolument invraisemblable dans sa bouche :

— Moi, je n'ai été vraiment aimée qu'une seule fois en ma vie, une seule fois.

A quoi elle ajouta aussitôt, avec une spirituelle mélancolie :

— J'avoue que ce n'est guère flatteur pour moi, et peut-être ai-je le droit de trouver que ce l'est moins encore pour les hommes. Mais je n'y puis rien; la chose est telle, en toute sincérité, et je la dis comme elle est.

— En tout cas, fit quelqu'un, cette unique fois où vous avez été vraiment aimée, cela doit faire un admirable roman d'amour, tout à fait extraordinaire et mouvementé.

— Admirable, en effet, répondit-elle, tout à fait extraordinaire; mais pas mouvementé! Au contraire, très simple, presque trop simple !

On supplia la baronne de le conter; et voici, à peu près, comme elle le conta :

*
* *

— En ce temps-là, l'idée ne me serait certes pas venue que je n'étais pas aimée. Des hommes de cœur s'étaient conduits, pour me conquérir, en héros d'épopée; des hommes d'esprit, en bêtes; des bêtes, en gens d'esprit.

Si quelqu'un, alors, avait prétendu que je n'étais pas aimée, il eût fait rire. Et pourtant, cet homme aurait eu raison. Car, des amoureux sans espoir, en réalité je n'en avais point, et lui-même n'en eût pas été un. Or, il n'y a d'amour véritable, je le sais aujourd'hui, que l'amour absolument désintéressé.

*
* *

Il faut croire que je m'en doutais un peu; car, en somme, passant pour être extrêmement heureuse, je ne l'étais point. Peut-être aussi, ce qui est probable, souffrais-je de trop de bonheur. Toujours est-il que, de temps à autre, une grande tristesse me venait au cœur, un dégoût de ma royauté, de mes courtisans, un impérieux besoin de me soustraire à leur adoration fatigante. Je m'évadais de Paris à ces moments-là, et j'allais faire une retraite de solitude dans mon vieux manoir de Kergizloët, en plein pays breton bretonnant.

Une forêt et une lande, la mer à trois lieues, le plus prochain village à deux heures de voiture, une ferme attenante au château et habitée par des gens qui ne parlaient pas un mot de français, une antique demeure sans le moindre confortable, voilà qui m'était délicieux.

Je passais là quinze ou vingt jours, parfois un mois entier, vêtue en homme et chassant.

J'y arrivais, d'ailleurs, accompagnée d'un seul domestique, le brave Grignaud, ancien hussard qui avait servi d'ordonnance à mon père pendant vingt-cinq ans, et qui était la discrétion en personne. Les fermiers, d'autre part, ne m'avaient jamais vue qu'en costume masculin.

Ainsi, au cas où le pays eût été peuplé, personne n'eût pu s'y douter qu'une femme était au manoir. Même pour le curé du village voisin, qui m'apercevait le dimanche à la messe, j'étais M. le baron, comme je l'étais pour les mouettes que je fusillais sur la grève et pour les lièvres que je chassais à courre dans la lande.

*
* *

Le manoir était planté sur un petit roc, au haut duquel donjonnait un reste de tour en ruines qu'on voyait de loin. Je ne risquais donc pas de m'égarer, quand la chasse m'entraînait plus que raison. De tous les bouts de la lande et de tous les promontoires de la grève, je revenais sans peine vers la tour. J'aurais moins aisément retrouvé mon chemin si je m'étais perdue dans la forêt. Mais je ne m'y aventurais guère, sinon près de l'orée, d'autant qu'elle était extrêmement épaisse et sauvage, sans autres percées que des routins étroits, peu propices à la galopade sous des branchages bas.

Les rares jours où l'envie me prenait d'y pénétrer, je n'y allais qu'avec le brave Grignaud, qui tenait son cheval et le mien par la figure, tandis que je m'amusais à jouer l'explorateur en m'enfonçant dans les fourrés. Mais, pour tout dire, et quoique je fusse plutôt vaillante et quelque peu casse-cou, ces vivants hérissons d'ajoncs, d'épines et de ronciers, me faisaient presque peur.

Il faut ajouter, à la décharge de mon courage ainsi ébranlé, que Grignaud lui-même, tout ancien hussard qu'il était, n'aimait pas ces noirceurs impénétrables. Les gens de la ferme lui avaient affirmé, et il me répétait, qu'il y avait là des loups-garous.

— Je sais bien, grognait-il dans sa grosse

moustache, qu'un loup, garou où pas garou, n'est pas pour épouvanter Mme la baronne. Mais enfin, ça ne fait rien. Mieux vaudrait, en tout cas, le rencontrer en rase campagne, avec du champ pour le charger. Ici, dans cette tignasse de plantes, on n'aurait seulement pas la place de le mettre au bout du fusil.

* * *

Un jour, environ une heure avant le coucher du soleil, je rentrais à cheval, seule, suivant la lisière de la forêt. J'étais à une bonne lieue encore du manoir. Mes quatre chiens, que j'avais longtemps entendus en train de mener tout au bout de la lande, ne me donnaient plus de leurs nouvelles. Sans doute, ils avaient été mis en défaut, ils revenaient en traînaillant parmi les genêts.

Tout à coup, à un kilomètre de moi à peu près, leur voix éclate en tonnerres d'abois furieux. Ce n'est certainement pas un gibier ordinaire qu'ils ont rencontré. Ils sont sur quelque grosse bête, sanglier ou renard. Je me hausse sur la selle pour m'orienter. J'ai les mains au pommeau, les rênes basses et lâchées sur l'encolure de mon cheval.

Et soudain, la voix des chiens se rapprochant, voilà que ma monture s'emballe, les rênes passées par-dessus sa tête, et s'emballe non vers la lande, mais par un sentier pénétrant dans la forêt. Je n'ai que le temps de me coucher sur la crinière, pour ne pas me heurter le front aux branches. Je regarde en arrière cependant, et vois déboucher de la lande un loup suivi par mes chiens. Le loup pique droit sur moi. C'est lui qui a l'air de me donner la chasse.

Je ne peux rattraper mes rênes. Je ne pense qu'à garer ma tête. Mon cheval s'enfonce dans la forêt. J'entends les chiens qui semblent nous mener. Je ferme les yeux. J'ai peur, je l'avoue, très peur. Je me dis, tout en me sentant emportée dans du noir :

— C'est le loup-garou.

.˙.

Combien de temps dura cette étrange chevauchée? Je l'ignore. Comment, presque évanouie, sans doute, me suis-je tenue cramponnée aux crins du cheval et au pommeau de la selle? Je ne m'en rendis pas compte. Je me retrouvai par terre, sortant d'un évanouissement réel, au bord d'une clairière et dans la nuit.

Le loup, mes chiens et mon cheval avaient disparu. Je ne me sentais aucun mal, d'ailleurs. Mais où étais-je? A quel endroit de la forêt? A quelle distance de chez moi? Et par où allais-je pouvoir revenir?

Comme je me le demandais avec angoisse, assise dans l'herbe, quelqu'un derrière moi me toucha doucement l'épaule. Je me retournai en poussant un cri. C'était un vieux mendiant, portant un bissac et un long gourdin. La nuit était assez claire pour me permettre de le voir. Je me levai d'un saut, prête à fuir. Il me dit soudain, en breton, que je comprenais tant bien que mal :

— Ne te sauve pas, petit ange de France, tu te perdrais. Je vais te ramener chez toi.

Puis il ajouta, d'une voix très douce :

— Voilà une grande heure que je te regarde dormir. Il sera minuit dans deux heures. Je connais tous les sentiers. Où veux-tu que je te conduise?

Je répondis le nom du manoir. Il répliqua :

— Viens! suis-moi, petite fée de Kergizloët.

Et je me mis en marche derrière lui, dans

l'ombre devenue de poix sous les arbres touffus entre lesquels serpentait le sentier.

Le vieux ne me parlait pas. Il chantonnait tout en cheminant. Et dans sa chanson, improvisée sans doute, revenaient comme un refrain ces deux appellations câlines : petite fée de Kergizloët, petit ange de France.

.˙.

Il nous fallut plus d'une grande heure pour sortir de la forêt. En arrivant au bord de la lande, le manoir m'apparut, tout blanc sous la lune levée. Je n'en étais plus qu'à un demi-kilomètre. Je dis au vieux, en français :

— Viens-y avec moi. Tu t'y reposeras, et je te donnerai la récompense que tu mérites.

Il ne comprenait pas le français et me le dit en breton. Je lui fis signe, en bretonnant un peu, de mon mieux. Il me répondit, presque rudement :

— Je ne veux pas. Je ne veux rien de toi.

Puis, avec un sourire d'enfant :

— Tes yeux m'ont trop donné déjà.

Il s'éloignait. Je courus après lui. J'avais dans ma poche une petite bourse en soie mauve, avec quatre pièces d'or. Je la lui mis dans la main, en disant le mot breton qui signifie souvenir.

Il la prit, la baisa, la tendit vers ma bouche. Je ne pouvais pas ne pas l'entendre. Je la baisai à mon tour. Il avait des larmes dans les yeux.

Brusquement il sauta dans le fourré et s'enfonça sous la forêt, disparu sans bruit parmi le noir.

*
* *

Le lendemain, je fis demander par Grignaud aux fermiers quel pouvait être ce vieux mendiant. Il n'en obtint aucun autre renseignement que celui-ci :

— Ça doit être un loup-garou.

Je fis interroger le curé, et par lui les gens du village. On répondit :

— C'est un mendiant nomade. Personne ne sait les noms de ces gens-là.

Et je rentrai à Paris, quelque temps après, sans en avoir appris davantage.

Mais, à sept ans de là, et quand j'avais presque oublié cette aventure, je reçus un jour du curé une lettre et un petit paquet.

La lettre me racontait ce qui suit.

Un mendiant venu du pays de Gwénolé avait

remis au curé le petit paquet, légué à lui par un de ses confrères, avec charge de le porter au curé de Kergizloët, qui devrait le faire parvenir à la dame du manoir.

Le petit paquet, ficelé dans un vieux mouchoir à carreaux, était la bourse mauve.

Elle contenait toujours les quatre pièces d'or.

ŒIL-EN-LUNE

— Venez donc! On fait ce soir une pomponnette à l'eau-de-vie de cidre. C'est très amusant. Vous vous contenterez d'assister à la bataille si le cœur ne vous en dit pas. Mais vous verrez au moins ce qu'un coffre breton peut embarquer d'alcool avant de sombrer sous sa chaise. Allons, venez!

Et, par curiosité, je suivis le camarade à la pension d'étudiants que tenait, rue de Vaugirard, le père Hervé Kerbilô. Je connaissais de réputation cette table d'hôte, uniquement fréquentée par des carabins d'origine bretonne, presque tous en passe d'être un jour médecins de marine, et qui, comme ils disaient, se durcissaient d'avance l'artère contre les fièvres coloniales. La bande était célèbre au quartier Latin par son bel entraînement à l'ivrognerie. Je n'étais pas fâché de voir de près ces héros à l'œuvre.

Ils se montrèrent, je dois l'avouer, dignes de leur gloire et même au delà. Du spectacle de leur formidable pomponnette à l'eau-de-vie, j'emportai pour la vieille Armorique une admiration de buveur, qui ne s'est point démentie depuis cinquante ans tantôt que j'eus l'honneur d'être juge de camp en ce mémorable tournoi.

Mais ce que j'emportai de plus précieux encore, et cela sans m'en douter le moins du monde, c'est l'extraordinaire fortune d'avoir connu là, en chair et en os, une personne humaine destinée à devenir fée.

*
* *

Hélas! plus en os qu'en chair, il faut en convenir! Car elle avait l'air d'un squelette, la pauvre Annaïk, la servante d'Hervé Kerbilô. Et encore était-ce presque exagérer que de la comparer à un squelette, vu qu'un squelette est quelque chose, après tout. Or Annaïk semblait quasi n'être rien. Une larve, un spectre, une ombre, voilà ce qu'elle paraissait.

Aussi bien ces mots eux-mêmes et d'autant plus, à la réflexion, l'appellation de squelette, sont-ils vraiment d'une révoltante inexactitude. Ils évoquent, en effet, des idées laides, désagréables. Et Annaïk n'évoquait point de telles idées. Loin de là ! Elle était plutôt douce à voir, quoique étrange.

Étrange, par exemple, oui, très étrange !

Si maigre et comme immatérielle, dans sa robe noire à fourreau, de corsage étroit et plat, de jupe à la fois collante et vide, en sorte que cette gaine rigide et serrée faisait pourtant l'effet d'être encore trop large et de ne rien contenir !

Et quels gestes rares, silencieux comme les battements d'aile d'un oiseau nocturne !

Et cette allure glissante, flottante même, à pas furtifs, à pas de feutre !

Et ce mince et pâle visage, encore apâli par l'ombre de la coëffe dont l'éteignoir faisait un halo de crépuscule, encore aminci par les brides blanches plaquées aux joues et effilant le menton avec leur jugulaire en bandelettes !

4

Et, dans ce visage d'apparition, les deux yeux dissemblables, l'un glauque comme les vagues avant l'orage, et l'autre couvert d'une taie pareille à une petite lune blême !

*
* *

C'est à cause de cette taie que les carabins avaient inventé pour Annaïk un sobriquet breton, dont les termes ne sont pas demeurés dans mon souvenir, mais dont la signification était : *OEil-en-lune*.

Et ce sobriquet n'avait rien d'injurieux. Il voulait être, au contraire, et il était poétique. L'image qu'il suggérait, un barde en eût fait un madrigal à la fillette. Et personne ne songeait à lui en faire un mauvais compliment, parmi ces fils du pays des bardes. Car tous, plus ou moins, étaient amoureux d'Annaïk.

Je m'en étais bien aperçu à la façon dont tous filaient leur pomponnette en roulant vers elle des regards de carpe comme si elle était la reine de ce singulier tournoi. Et, d'autre part, le camarade qui m'avait amené, à mon premier et incoercible mouvement de surprise devant cette taic bizarre, s'était hâté de me glisser dans l'oreille :

— N'ayez pas trop l'air de ne pas trouver ça joli ; vous désobligeriez tout le monde.

Enfin, au milieu de la soirée, dans une halte de la pomponnette, le doyen de la bande avait entonné une vieille chanson de là-bas, dont le refrain, repris en chœur par la table entière et enthousiasmée, disait, selon la traduction que m'en improvisa mon introducteur :

> La fée de Plouagwën a des yeux
> Qui valent la terre et le ciel ;
> L'un est comme la mer en été,
> L'autre comme la lune en hiver.

Et il était impossible de ne pas voir que tous, en chantant les vers, faisaient l'honneur de la comparaison à l'œil-en-lune d'Annaïk.

*
* *

Tout de même, en dépit de cette apparence étrange qu'avait Annaïk, et malgré l'avertissement qu'aurait dû me donner l'allusion soufflée par le refrain, du diable si j'avais ce soir-là l'idée orgueilleuse que je contemplais en chair et en os une personne destinée à devenir fée !

A vrai dire, mes Bretons eux-mêmes, tout Bretons qu'ils fussent, et amoureux de l'Œil-en-lune, ne soupçonnaient pas non plus leur extraordinaire et miraculeuse chance. Sinon, comment expliquer l'irrespect avec lequel mon camarade, à quelque temps de là, me parla d'Annaïk ? Comme je lui en demandais des nouvelles, il me répondit :

— C'est une petite gueuse. Elle a lâché la pension d'Hervé Kerbilô et toute notre bande, pour un Valaque.

Il ajouta, en grinçant des dents :

— Sans doute, je ne dis pas, elle s'est fait épouser, c'est une excuse. Et il paraît que ce Valaque est prince, ou fils de prince, ou quelque chose dans ce genre-là, comme ils le sont tous d'ailleurs. Et c'est encore une excuse. N'empêche ! Pour une vraie Bretonne, mieux vaut servir des Bretons que de se marier même avec un Roi. Tel est le sentiment de la pension tout entière, et le mien. Ne me parlez plus d'Annaïk ! Nous la renions. C'est une petite gouine.

Il continua, très grave :

— Au surplus, cela n'a étonné personne. Elle

est de Plouagwën, un trou de malheur, où il y a eu jadis des fées mauvaises. On est traître, par là.

Et il conclut, avec mépris :

— Vous vous rappelez bien son œil-en-lune, sa taie. Était-ce affreux, hein ? Et un pronostic de félonie, vous savez ! Ça ne trompe pas, ces marques-là.

*
* *

Parmi les hommes de mon âge qui furent étudiants au quartier Latin voilà tantôt un demi-siècle, et même parmi les hôtes de la pension Hervé Kerbilô, en est-il encore beaucoup à se rappeler la petite Annaïk ? Je ne le pense pas. Moi, probablement à cause des circonstances exceptionnelles où je l'ai connue, au souvenir de cette singulière pomponnette à l'eau-de-vie, de ce bizarre tournoi dont je fus le juge de camp, jamais je n'ai oublié la très étrange Œil-en-Lune.

Aussi, l'autre jour, brusquement, en passant par Plouagwën au cours d'une excursion en auto, j'ai resongé à la fillette disparue. Depuis cinquante ans je n'en avais plus parlé à personne. Il ne m'a pas semblé impossible que quelqu'un ici pût m'en parler. C'était une idée absurde, manifestement. Et pourtant je l'ai mise à exécution, et bien m'en a pris.

Sans quoi j'aurais ignoré à jamais que j'avais eu la rare fortune de connaître une fée.

C'est un vieux mendiant de Plouagwën qui m'en a instruit, en un langage mi-breton, mi-français, dont je ne saurais malheureusement donner qu'une incolore transposition. Telle quelle, la voici.

⁎
⁎ ⁎

Plouagwën est le pays de la fée aux yeux non-pareils, dont l'un est comme la mer en été, l'autre comme la lune en hiver.

Et toujours cette fée est à Plouagwën ; mais tantôt elle y demeure sans se laisser connaître, et tantôt elle en part pour y revenir avec un roi qu'elle a épousé en terre étrangère.

La dernière fois qu'on l'a vue à Plouagwën, elle était fille de pauvre gens, et avait quitté le pays pour aller se mettre en service dans la capitale des Français.

Les anciens de Plouagwën ne s'étaient pas

trompés sur son compte, à cause de ses yeux qui la désignaient clairement, et l'un d'eux avait dit à ses parents quand elle était partie :

— Vous serez riches, bonnes gens. Votre prétendue fille reviendra femme d'un Roi, qu'elle ira noyer dans la mer.

Et un jour, en effet, Annaïk, comme elle s'appelait en fille humaine, est rentrée à Plouagwën avec un Roi des pays d'Orient, qui a fait les vieilles bonnes gens très riches.

Et un soir, la fée avec son Roi sont montés en bateau pour aller soi-disant au large pêcher des guitans ; et l'homme qui les conduisait s'est endormi à la barre ; et, quand il s'est réveillé, la fée et le Roi avaient disparu.

Le Roi était noyé. La fée était retournée dans la Houle où ses sœurs et elle font de la dentelle en goëmon, brodée avec des dents de mort.

*
* *

D'autres personnes que le vieux mendiant m'ont renseigné sur Annaïk. Par elles j'ai appris qu'Annaïk, servante à Paris, chez Hervé Kerbilô, y avait épousé un étudiant valaque et s'était noyée avec lui dans une partie de pêche, laissant en héritage à ses parents deux mille sept cent trente francs et vingt centimes, frais de succession payés.

C'est au notaire que je dois ce dernier détail si précis, relaté en toute conscience.

Que le notariat me pardonne ! Mais je préfère m'en tenir à la version du vieux mendiant.

LE GRILLON

— Oh ! oh ! monsieur le curieux, quelle indiscrète question ! Savez-vous bien qu'elle en paraît presque impertinente ?

— Paraît ? Presque ? Dites qu'elle l'est à plein, et que je ne l'ignore pas. D'autant plus impertinente, même, qu'elle s'adresse à vous !

— Mais, Dieu lui pardonne, il récidive !

— Avec délices, comtesse. Dans l'espérance d'avoir sur les doigts un coup d'éventail.

— Pourquoi cela, je vous prie, cher poète ?

— Pour être tout à fait certain que ma question vous a fâchée, et que, si vous m'en refusez la réponse, c'est uniquement par peur de vous confesser à moi.

— En vérité, monsieur le fat !

Le poète eut sur les doigts le coup d'éventail espéré. Après quoi, la comtesse lui dit, avec son sourire le plus *à la Joconde* :

— Peur de me confesser, moi ? Bah !... Et surtout à vous, qui ne me croirez point ?

— Je l'aurai donc, cette réponse ?

— Oui, monsieur le gourmand, quoique vous ne le méritiez guère. Me demander quelle est la plus belle histoire d'amour que je connaisse ! Et sous-entendre, n'est-ce pas, qu'elle est arrivée, cette histoire, à moi-même !

— Dame ! puisqu'elle doit être la plus belle que...

— Oh ! elle l'est ! Et vous en jugerez ainsi tout comme moi, vous allez voir, monsieur le poète.

.·.

Pour se douter du prodigieux intérêt allumé aussitôt par cette promesse, il faut savoir quelle héroïne de roman est la comtesse, et de quelles légendes amoureuses sa vie est auréolée. Légendes, assurent ses défenseurs ! Au-dessous de la vérité, disent les autres !

De vieille race bretonne et noble, fille unique d'un officier de marine qui fut le favori d'une reine, la comtesse, sous l'ancien régime, eût certainement pu devenir la favorite d'un roi. Elle s'était bornée, dans nos jours plus bourgeois, à être la légitime épouse, successivement (car on n'avait à lui reprocher aucun scandale), de trois monarques modernes : un ténor, un financier, un grand ministre. Après quoi, en guise de retraite, elle s'était constituée l'Egérie du jeune et génial philosophe qui s'annonce comme le prophète de la société future, un prophète prêt à se faire dieu.

C'est à seize ans qu'elle avait contracté mariage avec le ténor, le fameux *conquistador mondial* adoré de toutes les femmes. Un coup de foudre mutuel les avait amalgamés en un couple miraculeux. Elle l'avait arraché à toutes ses ferventes. Pour être avec lui sans cesse, elle était descendue en scène, avait mimé. Et toute cette flambée de passion folle avait fini par le suicide du Don Juan déjà vieillissant aux pieds de cette Elvire encore presque adolescente.

Le financier, lui, était un des potentats de la Bourse, un de ces demi-dieux avec lesquels, comme dit le bon public, *doivent compter les Rothschild*. Ils avaient failli le mettre à bas, n'y étaient point arrivés. Il n'avait perdu à la bataille que sa vie ; mais, en mourant, il laissait une veuve riche à quelques millions de revenu.

Elle en avait profité pour évoluer une dizaine d'années en pleine indépendance. Cette période un peu agitée de sa carrière fournissait texte, comme bien on pense, aux médisances ou calomnies des mauvaises langues. Toutefois, parmi plusieurs duels, suicides, ruines, qu'on lui attribuait volontiers, rien de particulièrement scandaleux, il faut le redire, n'était resté à sa charge. Elle avait sans doute ce don, que certaines hautes courtisanes partagent avec l'hermine, de pouvoir traverser les pires fanges en y conservant une intacte blancheur.

Et c'est d'un air virginal — à trente-neuf ans sonnés, d'ailleurs — qu'elle était devenue comtesse et la femme du puissant ministre, du grand diplomate qui pendant dix ans émerveilla l'Europe en jouant sur la question des Balkans de si prestigieuses *Variations*, à rendre jalouses celles de Paganini sur *le Carnaval de Venise*. Les gens compétents en la matière affirment que plusieurs *traits* de ces *Variations*, et surtout les plus abracadabrants d'ingéniosité, sont dus à l'inspiration de la comtesse.

Aujourd'hui, à mi-chemin — pour le moins —

entre la cinquantaine et la *taine* suivante —
qu'il ne faut pas nommer — la comtesse est
toujours menue, de taille élégante, de minois
chiffonné, d'esprit jeune, presque de cœur jeune
aussi. Personne, de ceux qu'elle daigne admettre
dans son exquise intimité, ne s'étonne de voir
en extase dévote devant elle le nouveau Karl
Marx, aussi beau que l'ancien, aussi séduisant,
dont les théories tendent à fonder le monde à
venir, et dont le génie et la figure en feraient le
resplendissant et triomphal Egrégore.

Entourée d'artistes, de penseurs, de poètes,
qui lui font une cour de souveraine, la comtesse
semble, à tous, même aux plus envieux, la
Compagne Élue de ce Surhomme. On se sacrifie
universellement à lui, par amour pour elle. Car
tous ils l'aiment, elle, frénétiquement.

Mais elle, qui aime-t-elle ? Qui a-t-elle aimé ?
A-t-elle seulement aimé jamais ? Voilà ce que
nul au monde ne sait.

On comprend maintenant, de reste, à quelle
angoisse véritable pouvait être poussée la curiosité du poète, attendant que la comtesse lui
contât cette histoire d'amour, la plus belle dont
elle eût connaissance, et qui lui était arrivée, à
elle-même. Il en avait le souffle tout haletant,

la bouche bée d'avance, le geste suspendu dans une immobilité attentive, et, comme le lui dit la comtesse avec un joli rire perlé, les yeux en chandelles romaines.

— La plus belle histoire d'amour que je connaisse, dit-elle, et qui m'est arrivée, parlant à ma personne, à ma petite personne (car j'avais alors... mais inutile de donner les dates, qui sont toujours des sottes), c'est l'histoire d'un vieux grillon que j'aurais dû mettre en cage, et qui m'y a mise, moi, voilà !

Le poète, de plus en plus bouche bée et les yeux tirant des feux d'artifice (tant leur attention était éperdue), pensa que la comtesse se moquait de lui. Vexé, il demanda si on le prenait pour un enfant et si l'on allait lui faire l'injure d'un conte de fées.

— De fées ? Non pas, répliqua-t-elle. Mais d'ogre, un peu, oui. Car ce vieux grillon en était un, aimant la chair fraîche, bien sûr. Et, pourtant, c'est la chair fraîche qui eut ici raison de l'ogre. Vous comprenez de moins en moins, je le vois. Alors n'interrompez plus, soyez sage comme une image et veuillez écouter, tout bonnement.

— Tout bêtement, s'il vous plaît comtesse...

— Comtesse... Circé, dites cette fadeur, puisqu'elle est sur vos lèvres.

Et elle y était, en effet, et très naturellement, sans recherche (ni même fadeur, pour tout dire, si fade qu'elle fût), tant la jolie, plus que cinquantenaire, avait, à cette minute précise, l'âge lointain et enfantin qu'évoquait le début de son conte. Et l'on eût cru, à voir ce poète encore jeune et cette femme qui aurait pu être aïeule, que c'était elle la gamine, jouant à la mère-grand pour amuser son papa.

Ainsi se résout souvent le problème des âges, dans ce diable de Paris !

*
* *

— Oh ! oui, très vieux il était, disait-elle un moment plus tard, en vérité très vieux, ce vagabond ! Ou, du moins, tel me sembla-t-il alors. Dame ! J'avais, moi !... Juste ce qu'il faut pour trouver âgés les hommes de quarante ans.

— Et il était affreux ? m'avez-vous affirmé.

— Une tête de grillon, je vous le répète. Je m'en aperçus le lendemain, quand il m'apporta, en se sauvant comme un fou ensuite, cette cage faite par lui, et où il avait mis un grillon.

Tout son portrait! Brun. De gros yeux. Deux ailes de barbe hirsute. Un masque japonais, quoi!

— Mais comment n'en aviez-vous pas eu peur, quand il vous avait ainsi demandé, à brûle-pourpoint, de vous embrasser ?

— D'abord, ami, parce que je n'ai jamais eu peur de rien, ni de personne. Puis, je crois vous l'avoir avoué, parce que cela m'avait fait plaisir de payer ma dette au bonhomme, qui l'avait bien gagné. Songez donc! Me donner une de ses bonnes pommes de terre, qu'il avait fait cuire dans les cendres, à son feu de sauvage! Et aller me chercher, pour me rafraîchir, de l'eau de source dans un cornet roulé avec une feuille d'aristoloche! Et me tailler, dans des tiges d'avoine verte, des pipeaux! Et me jouer, là-dessus, des airs qui chantaient toute l'âme des champs! Tout cela ne valait-il pas quelque chose ?

— Certes. Mais, quand même, pas un baiser de vous, divine comtesse!

— Oh! ce baiser! C'est moi qui m'en suis régalée le mieux, allez! Si vous saviez comme sa barbe rude me piqua la peau délicieusement! Et comme il sentait bon, ce pauvre gueux! Oui,

oui, monsieur le dégoûté, qui faites une lippe délicate ! Mais oui, bon ! Il sentait le pain chaud, la terre noire, la poussière vanillée, le soleil ! Aussi, le lendemain, quand il se sauva, le vieux, après m'avoir donné son grillon en cage, son portrait, j'eus envie...

La comtesse garda le silence. Ses yeux brillaient, comme émaillés au vernis des larmes.

— Envie de quoi ? interrompit le poète. Pas de le rappeler, je suppose ?

— Si, s'écria-t-elle. Et cette envie-là, je l'ai toujours. Car peut-être n'ai-je aimé que lui, en somme, ce vieux grillon.

Elle soupira, de regret tout ensemble et de désir (sembla-t-il au poète), puis conclut :

— La voilà, ma plus belle histoire d'amour. Elle m'est arrivée quand j'avais...

Elle sourit plus que jamais en Joconde et jeta au nez du poète désappointé :

— Quand j'avais l'âge... que j'ai toujours.

LES DEUX CASSE-CŒURS

Je ne sais trop comment sont les invalides d'aujourd'hui, ni même s'il y en a encore aux Invalides; voilà si longtemps que je n'ai flâné du côté de l'Esplanade! Mais, avant la guerre, du temps de l'armée permanente, il y avait par là tout un vieux petit monde très spécial, aux mœurs pittoresques et d'un autre âge. Et quand j'étais enfant de troupe au Gros-Caillou, vers 1860 à peu près, j'ai entendu conter sur les invalos quelques curieuses histoires, que je vais ici conter à mon tour.

Je n'en garantis pas l'authenticité, bien sûr; car elles devaient être déjà grossies et enjolivées par la tradition orale, et voici qu'à travers le prisme de ma mémoire et de mon imagination elles vont grossir et s'enjoliver encore, sans doute! Mais qui dit conteur dit toujours un brin menteur. Assez de préambule, donc, et allons-y de nos histoires d'invalos, en commençant, si vous le voulez bien, par celle des deux casse-cœurs.

Les deux casse-cœurs en question n'étaient fichtre pas les premiers venus, et ce n'est pas, en tout cas, les noms qui leur manquaient. Car, d'abord, on les appelait ensemble tantôt les deux casse-cœurs, tantôt les deux bras-de-laine, et tantôt les deux Jean-Louis, et à juste titre, vu qu'ils étaient également casse-cœurs, également manchots, et non moins également baptisés Jean-Louis. Et, en outre, chacun pris à part, ils s'appelaient (ou du moins s'étaient appelés longtemps, et, ma foi, aimaient à s'appeler encore eux-mêmes), l'un Jean-Louis Finot, dit la Moustache, dit Pointe-au-Corps, dit Mort-aux-Fantabosses, et l'autre Jean-Louis Grandet, dit la Barbiche, dit Belle-Jambe, dit Mort-aux-Culs-de-Plomb.

Jean-Louis Finot possédait une moustache dont il pouvait mordre les deux pointes après les avoir fait tourner par-dessus ses oreilles. Il avait été maître d'armes dans les dragons et avait eu dix-sept duels heureux avec des maîtres d'armes d'infanterie.

Jean-Louis Grandet possédait une barbiche qui lui descendait jusqu'au nombril, ce qui n'était pas peu dire, puisqu'il avait un mètre quatre-vingt-dix-neuf centimètres de hauteur. Il avait été tambour-major et maître de danse et se faisait gloire d'avoir démoli, à coups de canne et à coups de savate, une bonne douzaine et demie de carabiniers, jaloux de sa taille.

Tout de même, les deux Jean-Louis, en se retrouvant aux Invalides, étaient devenus une paire d'amis. La Moustache et la Barbiche avaient fraternisé dès le premier jour. Mort-aux-Fantabosses ne pouvait considérer Mort-aux-Culs-de-Plomb comme de l'infanterie puisque ce fantassin d'un mètre quatre-vingt-dix-neuf était plus grand que les plus grands carabiniers. D'autre part, Mort-aux-Culs-de-Plomb ne faisait pas à Mort-aux-Fantabosses l'injure de le prendre pour un cul-de-plomb, puisque ce cavalier savait tricoter des jambes, étant maître d'armes, et puisqu'il avait servi seulement dans les dragons, lesquels sont, comme on sait, une sorte d'infanterie à cheval.

Et ce qui les avait aussi, et tout de suite, et à

fond, rendus chers l'un à l'autre, c'est leur qualité de casse-cœurs et leur philosophie touchant le beau sexe. Cette philosophie était fort simple, au reste; mais elle avait ceci de rare, qu'il fallait un certain culot pour l'arborer comme ils le faisaient, eux, qui, crânement, s'en cocardaient. Cette philosophie, qu'ils avaient toute leur vie ouvertement mise en pratique, avait pour théorie unique et tranquille que le beau sexe est voué à l'entretien du bel homme.

Or, mille pétards de Dieu, on pouvait *parler ce qu'on voulait*; mais, pour un bel homme, Jean-Louis Finot, dit la Moustache, dit Pointe-au-Corps, dit Mort-aux-Fantabosses, était un bel homme, quoiqu'il n'eût pas un mètre quatre-vingt-dix-neuf; et Jean-Louis Grandet, dit la Barbiche, dit la Belle-Jambe, dit Mort-aux-Culs-de-Plomb, était, à plus forte raison encore, un bel homme, lui qui les avait, les un mètre quatre-vingt-dix-neuf. Et tous deux, Grandet plus haut, Finot plus large, ils s'accordaient à se proclamer l'un et l'autre un bel homme. Et tout le monde avec eux s'y accordait. Donc, en avant la théorie sur le bel homme, et la pratique aussi, n'est-ce pas?

Car ils n'avaient pas désarmé, les deux casse-cœurs, malgré leur bras-de-laine, malgré la moustache et la barbiche devenues blanches comme des crinières de chevaux de trompette, malgré la pastille en chocolat qui les décorait comme médaillés de Sainte-Hélène et qui leur signait ainsi un acte de naissance remontant au siècle dernier.

Oui, à soixante-dix ans environ, ils continuaient, les deux Jean-Louis, à être les deux casse-cœurs. Et ce, par principe. Parfaitement!

Car, avec la haute-paye que leur assurait leur retraite au grade d'adjudant, ils auraient pu, comme beoucoup de leurs camarades, avoir chacun, dans le quartier, une petite connaissance, blanchisseuse, concierge, teneuse de gargotte, femme de ménage, chez qui ils se seraient fait un vieux nid, en y apportant leur écot, les francs du prêt, les rations de café, de riz, d'eau-de-vie, le pain de munition, les bons de tabac à fumer, chiquer et priser. Ainsi agissaient les autres, restés paillassons et chauds de la pince malgré les campagnes, les infirmités et la vieillesse. Mais ainsi ne voulaient-ils pas agir, eux, les casse-cœurs, restés inébranlablement paillassons et chauds de la pince, certes, aussi, et restés en même temps, chacun à sa façon, le bel homme dont la philosophie galante exige que le beau sexe soit voué à l'entretien du bel homme.

Et c'est sur les connaissances des camarades, bien entendu, qu'ils mettaient en pratique la théorie. Blanchisseuses, concierges, teneuses de gargote, femmes de ménage, qu'entretenaient selon leurs moyens les autres invalos, toutes ces vieilles bonnes amies, grisonnantes pour la plupart, que régalaient les infirmes à la casquette russe, jusques et y compris et même surtout celles qui avaient la chance d'un retraité avec grade d'adjudant et d'un médaillé de chocolat, de toutes ils faisaient leurs choux gras, nos deux casse-cœurs, mangeant le rata et buvant le schnick et fumant le trèfle des copains, ainsi qu'on le peut et qu'on le doit quand on est bel homme.

Il faut l'avouer, les copains ne s'en offusquaient point. L'esprit militaire de ce temps-là était un esprit large, et il avait de ces indulgences. Pour tout dire, même, les invalos en corps étaient plutôt fiers que honteux de compter dans leurs rangs deux gaillards pareils, deux Gaspards, deux lapins, comme Jean-Louis Finot, dit la Moustache, dit Pointe-au-Corps, dit Mort-aux-Fantabosses, et Jean-Louis Grandet, dit la Barbiche, dit Belle-Jambe, dit Mort-aux-Culs-de-Plomb, encore capables d'être aimés pour eux-mêmes à soixante-dix ans. Ainsi entretenus à leur âge par le beau sexe, les deux casse-cœurs faisaient honneur à la vieille armée, et en étaient comme les deux étendards d'amour, dont la décoration décore tout le régiment.

Patatra! Voilà qu'un beau jour les deux Jean-Louis tombèrent amoureux à leur tour, et amoureux de la même bergère, la mère Zouzou, marchande de noir. Et la mère Zouzou n'avait pas de bon ami lui apportant son prêt, ses rations et ses bons de tabac. Que faire? Ils allaient donc, eux, les casse-cœurs, entretenir, comme les autres, le beau sexe? Elle le leur proposa, et à tous les deux ensemble; car elle était ingénieuse et arrangeante, la mère Zouzou. Et ils étaient tellement épris, cette fois, les deux casse-cœurs, qu'ils acceptèrent d'abord. Dame! Quand on aime, n'est-on pas fou?

Mais à peine eurent-ils dit oui, qu'ils en rougirent. Une honte leur vint, à renier ainsi tous leurs principes. Et soudain, tous les deux à la fois, ils s'écrièrent :

— Non, décidément, ça ne se peut pas. On se foutrait trop de nous, mille pétards de Dieu !

Mais la mère Zouzou était ingénieuse et arrangeante. Et elle trouva un moyen de tout concilier, à peu près. Les deux amis mirent leur pécune en commun. On la lui donna toute. Et un ménage à trois fut constitué, mais avec va-et-vient, si j'ose m'exprimer ainsi. Pendant que le premier Jean-Louis faisait l'entreteneur, l'autre faisait l'entretenu, et *vice versa*. Les droits imprescriptibles du bel homme restaient sauvegardés. Chacun à son tour était *de semaine* comme cocu.

LA BISTOUILLE

Ah! certes, l'amour souffle où il veut! Et quand il veut! Et comme il veut! En souffle magique fleurissant les plus noirs tas d'ordures au clair sourire des plus jolies fleurs! En simoun qui vieillit d'un coup les Avrils! En brise de Jouvence, qui réavrilise les Octobres! En petit vent coulis ou en ouragan déchaîné, semeur de lys virginaux et moissonneur d'obscènes champignons, ou réciproquement! Et, partout et toujours, sans rime ni raison, par bouffées brusques, extravagantes, déconcertantes, en haleine d'ivrogne ou de dément, mais d'un ivrogne dont les hoquets feraient des miracles, et d'un dément dont les râles enfanteraient des étoiles!

Ah! certes, l'amour souffle où il veut! Et quand il veut! Et comme il veut! Mais du diable s'il a souvent soufflé, l'hurlubier, d'un souffle plus imprévu, plus bizarre et plus sublime qu'en cette histoire de la Bistouille, vulgaire fait-divers pour vous autres, mesdames et messieurs les gens sages, et merveilleux conte de fée pour un fou de poète comme moi!

La Bistouille était une pauvresse quinquagénaire qui florissait, voilà une quarantaine d'années, sur la jetée de Dieppe, où l'inscription maritime la dénommait en effet la Bistouille, tandis que les gas du port, et surtout les gamins, l'appelaient plus communément la Mère aux pouillards.

Quand je dis que la Bistouille était une pauvresse, je ne dis pas l'exacte vérité; car la Bistouille, en somme, gagnait sa vie, ainsi qu'on le verra quand sera expliqué le pourquoi de son surnom de Mère aux pouillards.

Mais, quand je dis que la Bistouille *florissait* sur la jetée de Dieppe, je ne dis que la vérité, et même très petitement; car la Bistouille florissait, en effet, sur cette jetée, et comme une fleur rare et exquise, à sa façon, ainsi qu'on le verra pareillement quand sera expliqué le pourquoi de son surnom de Mère aux pouillards.

Et donc, venons-en à cette explication promise, laquelle donnera aussi aux esprits subtils la clef de l'autre nom porté par la Mère aux pouillards sur les registres de l'inscription maritime, les susdits esprits subtils étant dûment avertis que le vocable la bistouille signifie, en vieux patois normand, le complément naturel de la bistoquette (je sais à quoi la pudeur m'oblige et je n'insiste point).

De temps immémorial, il existait à Dieppe, sur la jetée, et sans doute existe-t-il encore, une grande baraque en bois goudronné, au toit fait de vieux prélarts, aux parois sans fenêtres, avec une baie toujours ouverte pour porte; et, de temps immémorial, habitaient, dans cette baraque, et sans doute y habitent-ils encore, les pouillards.

Les pouillards sont de malheureux bougres, généralement des vieillards, quelques-uns à demi morts, tous malingreux et marmiteux, mais capables quand même de tirer sur le câble de halage. Chacun d'eux, pris à part, est débile et à peine en état de se traîner lui-même. Mais, quand ils sont une douzaine ou une quinzaine ensemble, tous attelés au câble, ce chapelet de crabes estropiés suffit à tirer dans le goulet le bateau qui veut entrer au port ou en sortir sans voiles.

Les haleurs sont payés, pour ce travail, deux sous par tête de pouillard. Le chef de halage, le gaillard assez en point pour tenir le bout du câble croché à son épaule et pour mener le branle, celui-là reçoit quatre sous.

Les pouillards doivent demeurer en permanence sur la jetée, prêts à haler de jour et de nuit. Moyennant quoi, et en retour du *privilège* dont ils sont ainsi détenteurs, l'inscription maritime leur accorde la jouissance en commun de la baraque, et, l'hiver, un panier quotidien de houille pour y entretenir maigrement un petit poêle de fonte.

De quoi se nourrissent les pouillards? De pas grand'chose, à coup sûr. Car les plus actifs n'arrivent guère à ramasser plus de dix à douze sous par jour, dans les bons jours. Aussi, ont-ils des mines de famine et des allures de pendus vidés?

Mais, voilà quarante ans, au temps de la Bistouille, si bien appelée la Mère aux pouillards, ces gueules de chimères ne paraissaient pas malheureux, et ils avaient même l'air en joie, comme des pendus qu'on aurait dépendus.

Seule de son sexe parmi ces vieux mal-en-point, elle en était en quelque sorte la reine, ou, pour mieux dire, elle en était à la fois la mère et la maîtresse.

La mère, certes ; car elle avait trouvé le moyen d'organiser la bande, de faire mettre en commun les salaires, d'en constituer une popotte, et de cuisiner sur le petit poêle de fonte la ratatouille en gamelle qu'on arrosait parfois d'un boujaron d'eau-de-vie.

Et gamelle d'amour et boujaron de tendresse elle se faisait aussi, la bonne Bistouille, les accordant tous dans un équitable partage de ses *faveurs* qu'elle distribuait, en impartiale économiste sans le savoir, comme qui dirait au prorata des besoins.

Que si vous trouvez répugnante cette façon de matriarcat, vous avez grand tort. Mettez-vous un peu, par la pensée, à la place des pouillards, et vous y verrez, au contraire, ce qu'il faut y voir, c'est-à-dire une très douce et très belle et très admirable charité chez elle, et, chez eux, le plus enviable épanouissement de la plus évangélique fraternité.

Peut-être aussi, sans être choqués de ce matriarcat, êtes-vous seulement étonnés d'apprendre qu'il en fût besoin, vu que nos pouillards étaient tous des vieux, quelques-uns à demi morts déjà. Mais cela tient à ce que vous n'avez pas connu la Mère aux pouillards. En la voyant, on comprenait tout. Quinquagénaire, et maigre, et en cheveux gris, et sale, et en loques, elle avait gardé ce je ne sais quoi qui demeure à jamais dans les êtres d'amour, et qui donne à leurs gestes une attirance caressante, à leur sourire une odeur de baiser, à leurs regards une glu où se prennent toujours les désirs.

Le miracle, ce n'était pas que la Bistouille fût la reine incontestée de toutes ces bistoquettes; le miracle, c'était que cette république d'amour pût se maintenir sans aboutir au coup d'Etat d'un usurpateur.

Or, le coup d'Etat eut lieu. C'était fatal, n'est-ce pas?

Parmi les pouillards, deux avaient la soif d'être le préféré unique. Il y avait Charlemagne et le Rat. Le premier était un haut Normand, à longue barbe blanche, encore solide du torse et des bras, mais quasi perclus des quilles. Le second était un petit Breton, à nez pointu, à moustaches en pinceaux raides, gringalet et un peu bosco, mais monté sur de longues jambes agiles comme des pattes d'araignée. Et Charlemagne avait soixante-huit ans, et le Rat n'en avait que cinquante-neuf. Et la bonne Bistouille traitait Charlemagne et le Rat comme les autres pouillards.

Advint que Charlemagne, un jour, sur le quai, vit tomber à l'eau un petit enfant. Il dégringola, au bout de ses poignets robustes, les argueneaux de fer, sauva l'enfant, et reçut des parents (qui, par hasard, étant riches, étaient généreux) une récompense honnête. Cinq cents francs en or, oui, monsieur, oui, madame !

Une heure plus tard, Charlemagne possédait, à lui tout seul, la Mère aux pouillards. Il l'avait enlevée à la baraque. Adieu, la belle charité d'amour à tous ! Adieu, l'évangélique fraternité ! L'or, *auri sacra fames*, avait fait son œuvre infâme.

Et ce fut, pour Charlemagne et pour la Bistouille, tandis que se morfondaient les frères abandonnés, ce fut une existence de fête et de folie, dans les cabarets du Pollet, dans la godaille sans fin, et dans des lits, oui, monsieur, oui, madame, des lits avec des couettes et des draps. Quand on les rencontrait par les rues, titubant bras-dessus bras-dessous, c'est le souvenir et l'espoir de ces lits qu'on voyait papilloter dans leurs yeux redevenus des yeux de vingt ans.

Et un soir, dans ses yeux de vingt ans, Charlemagne sentit s'allumer une autre flamme : celle de la colère. Ce soir-là, le Rat, qui rôdait depuis longtemps autour du couple, avait remmené la Bistouille à la baraque des pouillards.

Pourquoi y était-elle retournée? Qui le saura? Lui, Charlemagne, ne tint pas à le savoir. Mais, sur ses mauvaises quilles, il se traîna jusque là-bas; et, en arrivant, il se jeta sur la Bistouille et sur le Rat, enlacés au milieu des pouillards, renversa le Rat d'un coup de poing, saisit la Bistouille par le col, de ses deux fortes mains crispées, et l'étrangla lentement, sans dire un mot, mais en la baisant sur la bouche, tandis que, dans ses yeux de septuagénaire, illuminés comme des yeux de vingt ans, s'extasiaient tous les paradis de l'amour et flambaient tous les enfers de la jalousie.

HISTOIRE DE CHASSE

— Mon cher ami, fit André d'Humiastre, vous avez grand tort de lutiner ainsi Marceline. Ça pourrait finir par vous jouer un mauvais tour.

Il s'adressait à Bourgognot, qui, depuis quelque temps, en effet, ne semblait guère venir à la chasse que pour la femme du garde, et cela très et trop visiblement. Œillades par ci, compliments par là ; stations à la cuisine, sous prétexte de donner des recettes ; absences aux battues, en disant :

— Décidément, j'ai la migraine. Je préfère ne pas bouger.

Comme s'il n'eût pas mieux fait, en ce cas, de rester à Paris ! Car il devait l'avoir eue en se levant, sa migraine, n'est-ce pas ? Et alors il était bien plus simple de ne pas bouger du tout, même de son lit, et de ne pas prendre le train à cinq heures du matin !

Mais on n'en était pas dupe, de sa migraine. Et le garde moins que personne.

— Allez, allez m'sieu Bourgognot, disait le père Maheux, vous ne me ferez pas accroire qu'avec votre mine de réjoui-bon-temps vous avez la demi-graine. Pas tant seulement la quart-de-graine !

Le père Maheux, d'ailleurs, n'en disait pas davantage et laissait fort tranquillement Bourgognot en compagnie de Marceline.

De quoi nous ne nous gênions pas pour rire un brin entre nous, excepté d'Humiastre, que les façons de Bourgognot agaçaient manifestement et qui ne cessait de lui répéter :

— Prenez garde, mon cher ami ; ça finira par vous jouer un mauvais tour.

*
* *

De cela aussi, bientôt, nous nous égayâmes. Cette persistance d'André à faire l'oiseau de fâcheux augure ne pouvait que nous paraître comique, étant connue la placidité du père Maheux et son indifférence envers les faits et gestes de Marceline.

Plus âgé que sa femme d'une trentaine d'années, il avait l'air de la considérer plutôt comme sa fille, et disait volontiers, en riant d'un gros rire :

— Elle est trop jeune et trop jolie pour moi, pas vrai, messieurs?

Et, à certains moments, si l'on n'avait pas su positivement qu'il était un très honnête homme, on eût pu s'imaginer qu'il nous l'offrait.

— Ne vous y fiez pas, Bourgognot, faisait le sinistre d'Humiastre. C'est un vieux renard. Il cache son jeu. Si vous vous y laissez prendre, c'est que vous n'avez jamais regardé ses yeux. Regardez-les, bien à fond, et vous verrez!

Nous avions tous regardé les yeux du père Maheux, bien à fond; et nous avions vu que, sous les épais sourcils en broussailles, dans sa face barbue, tannée, ridée, ils ressemblaient surtout à des yeux d'enfant. Sans doute le métier en avait aiguisé la clarté vive et perçante, aux lueurs grises; mais ils étaient gais, rieurs et bons.

— C'est que vous n'êtes pas observateurs,

reprenait d'Humiastre. Pour moi, ces yeux-là sont des yeux de bête fauve. Méfiez-vous, Bourgognot! Je vous jure que ça finira par vous jouer un mauvais tour.

* *
*

Un matin, dans le train, en allant au rendez-vous de chasse, d'Humiastre nous dit :

— Ah! maintenant, vous ne vous moquerez plus de moi. J'ai pris des renseignements. Je connais sur le père Maheux une histoire qui vous prouvera si j'avais raison à propos de ses yeux de bête fauve, si j'y vois clair, moi, et si vous n'êtes pas en danger, vous, mon cher Bourgognot.

On questionna, tout le monde curieux, et Bourgognot un peu inquiet. Mais d'Humiastre ne voulut rien ajouter.

— Ce soir, fit-il, en revenant, je vous conterai la chose. Auparavant, je tiens à faire avouer par Maheux, en personne, que...

— Que quoi?

— Attendez! vous le saurez en déjeunant. Et après ce premier point bien établi, vous croirez, j'espère, à la véracité de mon récit.

A déjeuner, tout en bavardant, d'Humiastre demanda soudain au père Maheux :

— Vous étiez bien veuf, n'est-ce pas, quand vous avez épousé Marceline?

— Dame, répondit jovialement le bonhomme, il me semble que oui. Sans ça, je n'aurais pas pu me remarier.

— Je veux dire, reprit d'Humiastre, que Marceline est votre seconde femme.

— Faut bien, répliqua Maheux, puisque j'en avais eu une première.

Comme, à ce moment, les chiens se battaient au chenil, il sortit pour mettre le holà, et ne rentra point avant qu'on retournât en chasse.

*
* *

Le soir, dans le train, pendant qu'on revenait, d'Humiastre nous dit :

— Avez-vous remarqué son embarras à me répondre, et qu'il est resté dehors pour éviter de nouvelles questions relativement à sa première femme?

On fut obligé d'en être d'accord, surtout Bourgognot, qui était assez anxieux, et qui interrogea fiévreusement :

— Mais pourquoi? Qu'est-ce que tout cela peut bien signifier?

— Cela signifie, fit d'Humiastre, qu'il y a, dans ce premier mariage de Maheux, un drame. Oh! les détails précis, ne me les demandez pas! Je les ignore. Tout ce que je sais, c'est que la femme est morte. Et vous le savez aussi bien que moi, maintenant. Le vieux a été forcé de l'avouer, n'est-ce pas?

— C'est vrai, murmura Bourgognot pensif.

— Et, reprit d'Humiastre, ce qui n'est pas moins vrai, c'est l'histoire dont je vous parlais ce matin, et qui s'est passée environ un mois avant la mort de sa première femme. D'où je tiens cette histoire? Peu vous importe. Le principal, c'est qu'elle est terrible et qu'elle m'a été contée par celui-là même qui en fut, ou plutôt qui faillit en être, la victime. Je vais vous la narrer telle qu'il me l'a narrée, et vous y ajouterez foi comme j'y ai ajouté foi. Car le narrateur est un galant homme, ça je vous en réponds.

Et l'on écouta d'Humiastre religieusement, surtout Bourgognot, à qui d'Humiastre avait dit comme entrée en matière :

— Vous jugerez ensuite, mon cher ami, si j'avais tort ou raison de vous mettre en garde contre ce faux bonhomme, ce sournois avec ses yeux de bête fauve ; et j'espère que vous me saurez gré de vous avoir averti à temps. Parce que, j'y insiste, de lutiner Marceline, ça finirait sûrement par vous jouer un mauvais tour.

※
* *

« Donc, il y avait de cela vingt-cinq ans environ, Maheux était déjà garde-chasse et déjà marié avec une jolie femme, que ces *messieurs* courtisaient volontiers. Un d'entre eux plaisait fort à la gaillarde, qui était plutôt d'humeur légère.

— Mettons, fit d'Humiastre, pour la commodité du récit, qu'il s'appelait B.

Un jour, B..., caché dans une pièce voisine, entendit Maheux dire à sa femme :

— Je sais tout. Je ne veux pas faire d'esclandre. Mais vous me paierez ça, toi et ton galant. Je vous tuerai comme des lapins.

— Tu n'oseras pas, répondit la femme. On te condamnerait, car tu n'as pas de preuves. Et on te couperait le cou.

— Je m'arrangerai, répliqua Maheux, de façon à ce qu'on ne me soupçonne même pas.

Et, en s'en allant, Maheux grommela, croyant être seul, mais écouté par B. dans sa cachette :

— C'est bientôt arrivé, un accident de chasse ! Y en a tant !

Brave et voulant en avoir le cœur net, B. s'était, à l'affût suivant, placé non loin de Maheux ; puis se déshabillant à moitié, il avait revêtu de sa veste et coiffé de son chapeau une sorte de mannequin fait d'un tronc d'arbre. Lui-même s'était rasé tout près dans un trou guettant Maheux. On était au petit jour, sur la passée d'un sanglier, et les fusils chargés à balle.

Tout à coup, le sanglier débûche. Les coups partent. Maheux tire. Et le chapeau du mannequin saute à dix pas, troué.

B... ne dit rien, mais ne revint plus à la chasse ; un mois plus tard, la femme de Maheux mourait d'avoir mangé des champignons.

— Voilà l'histoire promise, conclut d'Humiastre. Encore une fois, ne m'interrogez pas sur son origine. Je ne puis vous la dire. Mais souffrez que je vous trouve piètres observateurs, de n'avoir pas su discerner quels yeux de bête fauve a ce vieux criminel de père Maheux. Et enfin, et surtout, mon cher Bourgognot, ne vous moquez plus de moi quand je vous répéterai (et je ne cesserai de vous le répéter), que vous avez tort de lutiner Marceline, et que ça finira par vous jouer un mauvais tour. »

⁂

Inutile d'ajouter que Bourgognot fut, en effet, guéri de son amour radicalement. Même, pour être sûr, sans doute, de ne point céder à la tentation d'y reprendre goût, il ne revint plus du tout à la chasse. Il préféra perdre le prix de son action, qui avait encore deux ans à courir.

— Tiens! fit le père Maheux (au bout de quelques séances où n'assista pas Bourgognot), est-ce qu'il est donc malade pour de bon, ce pauv' cher monsieur, à force d'avoir fait le malade pour de rire?

Et, dans l'éclair malicieux que lançaient alors ses petits yeux aigus et gris, nous lisions fort bien, maintenant, une sorte de férocité.

— Vous voyez! faisait d'Humiastre. Ah! le sournois! le vieux renard! Quand je vous le disais! Une bête fauve, quoi! Une vraie bête fauve, avec son air bon enfant!

Et nous admirions la perspicacité d'André d'Humiastre, subtil observateur.

En même temps nous nous prenions de vive antipathie contre le père Maheux. Son hypocrisie nous faisait horreur. On plaignait Marceline, si jeune et si jolie, d'être la femme de cet assassin. Mais on se contentait de la plaindre *in petto*, et personne n'avait réelle envie de chercher à la consoler. Franchement, on risquait trop.

La chasse nous devint ainsi, peu à peu, de moins en moins agréable. Les absences de l'un et de l'autre, à l'envi s'y multiplièrent. Il y eut des jours où, au lieu d'être huit, au complet, on n'y était plus que trois ou quatre. Plusieurs fois, même, je m'y trouvai en tête à tête avec d'Humiastre. Il était le seul qui ne manquât jamais.

Et le père Maheux lui disait :

— A la bonne heure, vous, monsieur d'Humiastre, vous êtes un fidèle! Tous ces autres messieurs, sauf le respect que je leur dois, sont de faillis chasseurs. Mais vous, ah! mâtin! Un enragé!

*
* *

Quand notre bail de chasse prit fin, je ne renouvelai point pour ma part, et je crois bien que personne de nous ne le fit non plus, sauf d'Humiastre. Je perdis de vue mes associés et lui-même.

Il y avait de cela quelques années, et du diable si je pensais encore à cette chasse, au père Maheux et à Marceline, quand, l'autre soir, je me rencontrai à table avec Bourgognot. Et, cela va de soi, nous en parlâmes.

— Ah! l'animal! s'écria Bourgognot.

— Qui ça? demandai-je. Le père Maheux, hein? La bête fauve?

— Mais non, fit-il, non pas! Ce brigand de d'Humiastre! Vous ne savez donc pas? Parbleu! je le vois à votre air étonné : vous ne savez pas, vous ne savez rien. Eh bien! il l'a épousée, sa Marceline.

— La femme de Maheux?

— Oui, la femme de Maheux! C'est-à-dire la femme divorcée de Maheux. Oh! ça lui a coûté cher; mais enfin, il l'a eue.

— Cher? Est-ce que Maheux lui a aussi tiré une balle?

— Une balle, non; mais bien vingt mille balles.

— Et la bête fauve...?

— Une histoire inventée par d'Humiastre,

mon cher. Une histoire afin de me dégoûter de Marceline, voilà!

Ma foi, histoire de chasse pour histoire de chasse, celle-là en vaut une autre.

CASUISTIQUE

— Eh! mon Dieu! oui, fit l'abbé, parfaitement! Je suis pour la casuistique, et même, ne vous en déplaise, pour la morale, prétendue si relâchée, des jésuites. Vous voyez que je vais jusqu'au bout de ma pensée. Indignez-vous ou plaisantez-moi, si le cœur vous en dit! Cela m'est égal. Je parle en connaissance de cause, et je sais que je suis dans le vrai. Aussi bien, indignations ou plaisanteries là-contre sont un peu trop commodes, trop usées, indignes de vous et de moi. J'espère que vous me les épargnerez. Il faut en laisser le privilège à M. Homais et consorts, ces imbéciles, n'est-ce pas?

— Mais, pardon, objecta quelqu'un, je ne crois pas que Pascal fût de la bande Homais et consorts, ni un imbécile, sapristi! Et il y a cependant de lui, là-dessus, un certain livre...

— Tout à fait délicieux, interrompit l'abbé. Nul, plus que moi, n'admire, comme œuvre littéraire, les *Provinciales*. C'est le pamphlet modèle, d'accord! Comme œuvre de morale pratique, par exemple, halte-là! Une erreur! Une complète erreur! L'erreur d'un géomètre, c'est-à-dire, en pareilles matières, d'un esprit faux, fatalement.

— Quoi! fit de nouveau l'objecteur... Les géomètres, en général, et Pascal, en particulier, des esprits faux!

— Certes, reprit l'abbé, certes, dès qu'il s'agit de juger la vie, toute de concrets vivants et relatifs, et qu'ils y introduisent comme règle leur abstrait, mort et figé dans l'absolu. Leur point de départ lui-même est une absurdité. Comment n'arriveraient-ils pas aux pires sottises? Oui, oui, Pascal en personne!

On se récria de plus belle. L'objecteur, spécialement, ne se gêna pas pour traiter l'abbé de paradoxiste. On lui donna raison. En tout cas, on s'étonna que nous fussions, nous, plutôt des sceptiques et des mécréants pour la plupart, obligés de défendre contre l'abbé un chrétien comme Pascal.

— Oh! un excellent chrétien, un grand chrétien, je n'en disconviens pas, dit l'abbé. Entendons-nous, toutefois. Excellent et grand chrétien pour lui-même, sans doute! Mais pour les autres, peut-être pas! Tenez, il n'eût pas fait, je crois, un bon prêtre, je veux dire un prêtre gagnant beaucoup d'âmes à Dieu. Or, pour un prêtre, gagner des âmes à Dieu, tout est là. Je vous vois venir, monsieur le discuteur. Vous allez me demander si n'importe quel moyen y est propre. Je n'hésite pas. Je vous réponds oui. Et voilà bien pourquoi je suis si déterminé partisan de la casuistique et de la morale des jésuites.

— En d'autres termes, s'écria l'objecteur, pour gagner des âmes à Dieu, vous allez jusqu'à tricher, s'il le faut.

— Mais évidemment, répliqua l'abbé. Tant que je peux, je triche. Et avec délices, et sans l'ombre d'un scrupule. C'est la joie des anges, quand on vole le diable.

Il riait d'un bon rire gras, qui faisait plaisir à voir et à entendre. C'était un brave homme. On le savait conteur. On devinait qu'il avait là-dessus quelques histoires en réserve et qu'il grillait d'envie de nous les dire. On rompit les chiens à la discussion, et on lui demanda, tout à trac :

— Est-ce que vous l'avez volé souvent, le diable, vous, l'abbé?

— Oh! fit-il, pas aussi souvent que je l'aurais voulu. Même avec les dés pipés et les cartes biseautées de la casuistique, ce n'est pas si facile que cela de filouter le prince des filous. Il est le Malin, vous savez. On a beau, par exemple, être bien résolu à n'avoir contre lui aucun scrupule, il vous met parfois dans tel cas où on n'ose pas, tout de même, aller au delà de certaines choses qui... Enfin... bref...

— Enfin, bref, interrompit l'objecteur, reprenant du poil de la bête, bref, malgré toute votre casuistique et votre morale si accommodante dés jésuites, le diable vous a surtout mis dedans, à ce que je vois.

— Pas dans l'histoire des deux loups de mer, toujours! s'exclama l'abbé. Là, je l'ai fait rudement capot, le diable!

On sentit qu'il l'avait sur les lèvres depuis un bon moment, cette histoire-là, que c'était précisément celle-là qu'il désirait conter, et qu'on le débarrasserait d'une obsession en insistant pour qu'il la contât. Tout le monde s'y mit, même l'objecteur, devenu câlin par curiosité. Et enfin, l'abbé, tout en se défendant un peu pour la forme, lâcha la chose.

Se trouvant un jour, comme missionnaire de passage, dans un port du Levant où stationnaient des matelots de toutes les nations d'Europe, il y avait été accosté par deux espèces de vieux loups de mer, à mines de forbans, qui l'avaient reconnu pour un prêtre français et qui lui avaient soumis le cas suivant.

Déserteurs de la marine française, et après avoir eu dans la Méditerranée toutes sortes d'aventures peu recommandables, ces deux sexagénaires avaient fini par s'échouer dans ce port et y vivre comme pêcheurs de langoustines. Très heureux avec leur barque, qu'ils menaient à deux, et qui les nourrissait largement, et surtout leur permettait de satisfaire leur passion pour le *raki*, ils comptaient bien finir là leurs jours, dans une de ces amitiés à la matelote comme il y en eut jadis parmi les flibustiers de Saint-Domingue. Brusquement, ils avaient rencontré une femme, chrétienne maronite, dont tous les deux en même temps étaient devenus éperdument amoureux.

— Et alors, quoi? leur demanda l'abbé. Que

voulez-vous que j'y fasse? Je n'y peux vraiment rien. Vous ne désirez cependant pas, sous prétexte que je suis un prêtre français, vous servir de moi comme intermédiaire pour...

— Si, précisément, répondirent les deux loups de mer.

Et ils lui expliquèrent que, malgré leur existence accidentée, ils étaient toujours restés fidèles croyants, bons chrétiens parmi tous ces musulmans du diable, ce qui, d'ailleurs, n'avait rien de surprenant puisqu'ils étaient Bretons, nés natifs de Plenfoënnec et Kev-Bleboul.

— Et ensuite, quoi? interrogea de nouveau l'abbé. Si vous êtes bons chrétiens, voilà qui va des mieux. Que l'un de vous épouse la femme chrétiennement, et que l'autre se sacrifie!

— Mais, répliquèrent-ils ensemble, c'est que nous nous aimons aussi l'un et l'autre mutuellement, et tant, et si fort! Et ainsi aucun ne veut consentir à ce que l'autre se sacrifie. Il n'y a pas moyen d'en sortir.

— Si, fit l'abbé, sacrifiez-vous tous les deux.

— Ça, c'est impossible, avaient réparti les deux hommes. Nous aimons trop la femme, tous les deux. Il nous la faut.

— Alors, pour le coup, avait riposté l'abbé,

j'y perds mon latin. Allez au diable tous les deux !

— Ça non plus, s'étaient écriés les loups de mer, ça non plus nous ne voulons pas, si on peut faire autrement.

— Mais puisqu'on ne peut pas ! avait conclu l'abbé à bout d'arguments. De toutes façons, c'est au diable que vous allez et que vous irez. Car, je le vois bien, vous finirez par vivre ensemble avec elle en concubinage, et vous serez tous damnés, voilà ce qui vous attend.

Et là-dessus, soudain, l'abbé s'était dit, désespérément :

— Ces deux gaspards et la Maronite, c'est trois âmes de perdues pour le bon Dieu, trois pauvres âmes qui ne demandent pourtant qu'à être sauvées !

A ce moment de son histoire, l'abbé s'écria :

— Qu'aurait-il fait, voyons, votre Pascal, votre géomètre de Pascal ?

On se tut. L'objecteur lui-même ne savait que dire.

— Eh bien ! moi, reprit l'abbé, moi, poussant la casuistique aux plus folles tolérances, risquant de commettre un sacrilège, le prenant à mon compte pour garder trois âmes à Dieu, et me moquant du diable qui m'acculait à une pareille extrémité, moi, bravement, j'ai marié mes deux Bretons à la Maronite. Et je suis sûr que le bon Dieu ne m'en veut pas. Au contraire!

UNE FOIS POUR TOUTES

— Que dirais-tu, Monsieur Rondelet, si maintenant je te faisais une surprise.

— Hé! hé! hé!

— Ne ris pas; c'est très sérieux. Une surprise, tiens, pense un peu que je te garde depuis dix ans!

— Diable! Autant dire alors depuis notre mariage. Mais pourquoi rougis-tu? Quel est cet air grave? Voyons, Fanny... Tu m'effrayes, ma bonne. Qu'est-ce que c'est donc que cette surprise?

— Un secret, mon cher, que je t'ai toujours caché.

— Ah! bah!

Et surpris, en effet, et même vaguement inquiet de cette confidence, tombant en douche imprévue à la fin d'un joli dîner de gala, le fin dîner aux coulis surprenants et aux vins de gaieté par quoi il avait coutume, chaque année, de célébrer sa fête en tête-à-tête avec sa femme, M. Athanase Rondelet se haussa légèrement sur son fauteuil et sembla écarquiller, pour mieux entendre, sa bonne face poupine, éclairée de deux petits yeux de rat, pétillant silencieusement et clignotant sans trêve, par une vieille habitude d'homme d'affaires, sous leurs sourcils en brosse et leurs paupières peaussues, aux cils rares et rigides comme des moustaches de chat.

M. et Mme Rondelet, notaire à Châtelain, petite ville du Bas-Maine, passaient pour être le couple le plus uni et les gens les plus heureux qui fussent, à vingt lieues à la ronde, ce qui dénote une entente peu commune et un degré de bonheur véritablement singulier, dans un pays où tous les gens sont heureux et tous les ménages, dit-on, parfaitement unis.

Car nulle région peut-être ne se prête davantage à ce qui est, pour la plupart des gens, la condition absolue du bonheur, à savoir le repos, que ce pays, à mi-côte de la Bretagne et de l'Anjou, et qui participe à la fois de la mollesse angevine et de la ténacité bretonne : pays de bons vivants et qui ne demandent qu'à vivre tranquilles, chacun suivant son petit bonhomme de chemin sans s'inquiéter des autres, et possédant son petit carré de bonheur comme il a son petit lopin de terre, clos de hauts murs ou simplement d'une haie, sans jamais chercher à voir ce qui se passe de l'autre côté de la haie ou derrière le mur.

Mais gare à qui leur cherche noise! Ils sont gens, pour se défaire d'un intrus, à sacrifier tout, et si précieux soit-il, leur repos lui-même.

Sur ce point, comme du reste sur tous les autres, M. Rondelet et sa femme s'entendaient à merveille : on conçoit donc avec quelle anxiété, quelle soudaine stupeur, le notaire dut dresser l'oreille quand Mme Rondelet, d'une voix hésitante, prononça ce terrible mot de secret.

Un secret, c'est l'ennemi; la pierre maladroite, meurtrière qui, tout d'un coup, vient briser le large sourire silencieux de l'étang endormi. Et puis, un secret, entre elle et lui! Un secret qu'elle avait gardé pendant dix ans! Sûrement quelque abomination... et pourtant...

voilà qui bouleversait toutes les idées de M. Rondelet.

Et ce fut bien pire, et ce fut tout juste s'il ne faillit pas devenir fou, quand il entendit sa femme ajouter, d'un ton très calme cette fois, et presque négligemment, comme s'il se fût agi d'un détail d'intérieur quelconque :

— Eh bien ! oui, mon ami, un secret ! Et tiens, pour te mettre au courant tout de suite, je t'avouerai, mon pauvre bon, que je t'ai trompé.

— Hein ! quoi ?

— N'insiste pas ! D'abord, il y a dix ans de cela. Te mettre en colère, à présent, serait ridicule. Et puis, veux-tu que je te dise, Rondelet ? Quand tu sauras le pourquoi, le comment, c'est toi, je parie, qui me remercieras.

— Ah ! par exemple !

— Tu verras. En attendant, n'aie pas l'air ainsi de tomber des nues. Pourquoi j'ai tant tardé à te le dire ? Je pourrais te répondre simplement : parce que. C'est une raison cela, et peut-être même la seule. Mais il y en a une autre, qui est que, malgré tout, et quoi que tu puisses croire, je t'aime bien, mon pauvre bonhomme (je vais t'en donner la preuve), et pour rien au monde je n'aurais voulu te faire de la peine. Si bien qu'aujourd'hui, en te livrant un secret qui pendant dix ans fut le mien, c'est une marque d'amitié que je te donne encore et probablement la suprême; car, après cela, je ne vois pas bien ce que je pourrais te dire de moi que tu ne connaisses. Au reste, ne me condamne pas sans m'entendre, voilà tout ce que je te demande.

— Soit, fit Athanase tout penaud de l'assurance extraordinaire que témoignait Mme Rondelet. Mais c'est égal, quand même... Enfin, continue.

— Tu te rappelles, poursuivit Mme Rondelet, ce voyage que nous fîmes à Angers, quelques mois après notre mariage, lorsque la tante Robin tomba malade et voulut absolument m'avoir près d'elle. Je partis la première, te souviens-tu ? Et, tes affaires te retenant ici, ce n'est qu'au bout de deux jours que tu pus me rejoindre. C'est bien, ma foi, le seul temps que nous ayons vécu séparés l'un de l'autre.

— C'est vrai, fit le notaire tristement.

— Donc, j'eus comme compagnon de route un jeune homme, dont je ne te dirai rien de plus sinon qu'il était officier, très élégant, très beau, avec surtout de très beaux yeux. Je ne le connaissais point; mais lui me connaissait, m'avait rencontrée, me dit-il, dans je ne sais quel château des environs. Bref, de prévenance en prévenance, et après m'avoir très naïvement, sans que je lui eusse rien demandé, raconté son histoire, ses projets, ses rêves, il se mit à me déclarer sa passion enthousiaste dans des termes dont, après n'avoir fait que rire, je dus très sérieusement m'effrayer. Tu sais si je suis physionomiste? Eh bien! je vis très clairement qu'il disait vrai, que son amour insensé le pousserait à toutes les folies, qu'il était résolu à tout, tout oser, pour réussir. Je fus épouvantée. La fièvre qui faisait trembler ses narines et flamber ses yeux me fit frissonner à mon tour. Que veux-tu? Il faut bien dire la vérité : à ce moment-là, je n'avais point de défense. Je te connaissais à peine et c'est à peine aussi si tu me connaissais. On nous avait mariés un peu à la diable et au petit bonheur : il nous fallait au moins le temps de nous reconnaître et savoir que nous étions exactement créés l'un pour l'autre. Et puis, alors surtout, je me méfiais de mon cœur comme du feu. Je tremblais qu'il ne me jouât de vilains tours, et m'étant donné garde de le livrer tout d'un coup et sans réserve à un amour permis, je me trouvais par là-même sans refuge et à la merci, l'occasion aidant, d'un amour coupable.

« Oui, me disait ce jeune homme, dédaignez-moi; méprisez-moi; soyez cruelle; tant mieux! Car je veux vous prouver que mon amour n'est pas un amour banal, un désir né d'un éclair et destiné à mourir de même dans un éclair. Je veux vous mériter par une lente, mais sûre conquête. Vous êtes l'aventure exquise jetée dans ma vie morose par une destinée plus puissante que nous deux. Je suis libre. J'ai tout l'avenir pour vous atteindre. Accumulez les obstacles qui nous séparent; armez contre moi vos parents, vos amis, tant mieux! Plus il y aura à lutter, plus la lutte sera délicieuse, et plus exquise la victoire. Et c'est de vous, un jour, de vous-même, ma charmante, charmée de tant d'héroïques efforts, de vous-même, doucement, et non par surprise, que je vous obtiendrai. »

— Tu m'as toujours fait l'honneur, monsieur Rondelet, de me considérer comme une femme intelligente, une femme de tête. Eh bien! oui, j'en suis une. Et c'est justement la raison qui, à cette heure, eût dû être ma sauvegarde, c'est la raison, et la raison seule, qui me perdit. En un clin d'œil, j'eus la vision nette, atroce, de tout l'avenir de persécution, de trouble et de terreur où me condamnait l'amour intense mais résolu de cet homme. Toutes nos habitudes détruites, notre repos foulé aux pieds! Et puis, savais-je, moi, si, un jour ou l'autre, je ne finirais pas par l'aimer?... Oh! non, non, tout plutôt que ce martyre, plus tard! Et tu vois, j'en arrivai, par la seule raison, à vouloir ce que sa passion, à lui, tout en tenant un autre langage, voulait en forcenée. Mais je lui fis jurer, sur l'honneur, qu'il ne me reverrait plus.

— Et... il est revenu, n'est-ce pas?

— Oui, fit tristement Mme Rondelet, après un silence. Mais cette fois j'avais beau jeu, et je me retrouvai devant lui, forte, sans défaillance et avec toute ma raison. Mon cœur était calme et comme si, une fois pour toutes et tout d'un coup, une grande flamme y avait incendié toutes ses herbes folles. Or, je me trouvais en face d'un homme infidèle à un contrat dressé en bonne et due forme, parjure à son serment. Ceci était tout simple; et, je te prie de le croire, ce n'a pas été long.

— Mais quoi... quoi.... que veux-tu dire?

— Tu te rappelles cet homme... qu'on a trouvé un jour étendu dans la forêt? On accusa des braconniers... une balle... par mégarde...

— Eh bien? fit le notaire, effrayé.

— Eh bien, les braconniers, c'était moi. Voilà tout.

ANNABELLA

Mon ami Harry Sloughby, par une coïncidence amusante, arrive à Paris chaque année en même temps que les hirondelles. Et, de le voir, je me fais même fête, à coup sûr, que de la prime apparition des commères du printemps, quand elles passent, les sveltes babillardes, portant dessous l'aile, chacune, sa petite brassée de soleil, ce soleil des contrées étranges qui, éparpillé dans l'air en bluettes lumineuses, fait germer prestement, et surtout à Paris, l'essaim provoquant des folies printanières, des amours espiègles, et tous les frivoles, absurdes et délicieux enchantements d'avril.

C'est qu'en vérité, aussi, mon ami Sloughby ressemble à une hirondelle, revenue chaque fois d'un peu plus loin, et de quelque pays de rêve peuplé de merveilles, dont il a soin, chemin faisant, de fleurir à profusion et d'enguirlander sa mémoire ; fureteur de génie, toujours en prétentaine à travers l'imprévu et glaneur d'aventures, dont je tenterais, bien sûr, de conter un jour l'exquise odyssée, s'il ne devait manquer à mon récit ce qui donne au sien, peut-être, son charme le plus piquant : cette voix, tantôt aigrelette, tantôt câline, qui détaille toute chose avec de fines nuances, ce chapelet de menus gestes coquets égrenés si joliment au fil de la narration, ces petits cris, comme des cris d'oiseau, jetés à la dérobée, ces éclats de rire en éventail dont il souligne ses propres effets ; enfin, et surtout, ce grand œil franc et naïf de bon garçon demeuré enfant, d'enfant gâté du hasard, émerveillé à tout coup des friandises que le hasard lui offre, resplendissant de joie ingénue sous de longs cils en or, si longs et d'un or si pur, qu'on les croirait dérobés, brin à brin, à la chevelure de printemps de quelque fée.

Donc, c'est en coup de vent, ou mieux en coup de soleil, suivant sa belle habitude, que mon ami Harry Sloughby m'aborda l'autre jour, m'interpellant à brûle-pourpoint d'un vigoureux :

— Hein ! ce qu'elle est étonnante !

— Qui, elle ?

— Elle, parbleu ! Il n'y en a pas deux ! Mistress Pyms.

— Pyms ?... Ah ! oui...

Je me rappelai un fait divers que j'avais lu, quelques jours auparavant, histoire assez bizarre, à vrai dire, d'une Irlandaise, une espèce d'aventurière, poursuivie pour avoir enlevé, puis séquestré pendant six mois, je ne sais quel godelureau de je ne sais plus quelle famille connue ; laquelle Irlandaise, malgré les charges les plus accablantes, et en dépit du témoignage formel du membre de la famille qui avait cueilli les coupables, avait été acquittée, parce que le jeune homme, mis en sa présence, avait juré ses grands dieux qu'il ne savait qui était cette femme, et que ce n'était point elle, mais une autre (il en était sûr, peut-être !), qui avait été sa maîtresse.

— Alors, vous connaissez mistress Pyms ?

— Le demandez-vous, cher, et ne vous ai-je point dit, tout d'abord, que c'était une femme extraordinaire ? Cela remonte à l'an dernier, à peu près à cette époque-ci, l'époque qui m'est chère, de mes gaies pérégrinations à travers

Paris. Vous savez mes goûts, et pourquoi de préférence je m'attarde à muser parmi les quartiers déserts, ou tout au moins discrédités, comme celui de Vincennes, un coin que j'adore, précisément pour la raison qui fait que vous autres Parisiens vous ne l'aimez plus. La vie affairée, forcenée, vous précipite en cohue fiévreuse sur l'autre versant de Paris, laissant à l'arrière-plan le mystère, l'imprévu, l'étrange, tout ce qui prend du temps et gaspille l'attention, et ne peut intéresser à vrai dire que de vieux fous de baguenauderies comme moi. Donc, je faisais ma ronde habituelle, l'œil en vedette, parmi ce dédale charmant de petites rues achevées en ruelles qui avoisinent le Bois, au bout de l'avenue Daumesnil, quand, à l'extrémité d'une sente et presque à lisière du lac, j'avisai, je flairai, pour mieux dire, une maisonnette, sise à l'écart, et close d'une haie jalouse, et qui semblait se blottir à dessein dans un fouillis habilement enchevêtré de vigne vierge et d'aristoloche. Au ras de la sonnette et sous le lierre tombant, une petite plaque de cuivre, grande tout au plus comme une carte à jouer, portait cette inscription, en lettres minuscules : *Mistress Pyms. — Boarding House*. Et, plus bas, en caractères plus minuscules encore, ce simple mot, qui me fit bondir de joie : *Dreams*.

Dreams ! Des rêves ! pensez un peu, quelle aubaine ! Oh !... ne riez pas. J'ai eu, c'est entendu, la même idée que vous, tout d'abord. Parbleu ! le quartier, l'isolement de la maison, ses allures clandestines, et cette précaution de réduire l'enseigne à des proportions aussi infimes, tout semblait... Oui, sans doute... Mais la vue de mistress Pyms, qui vint m'ouvrir en personne, eut vite dissipé toutes mes arrière-pensées. Jugez-en ! Une grande diablesse de femme, plus haute que moi de toute la tête, glaciale et méprisante, avec des airs d'impératrice, mais d'impératrice en colère, dont les yeux, d'un seul coup, vous fouettaient le visage, et, nettement, vous montraient la porte. J'eus toutes les peines du monde à me faire agréer comme pensionnaire ; et quand, un peu décontenancé, mais tenace quand même, je risquai une timide interrogation touchant la nature de *dreams*, je me vis cravaché de cette simple réplique :

— *Dreams* est *dreams*, et je ne connais point le gentleman.

Restait l'astuce, et dès le lendemain de mon

installation, je dressai mes batteries. Ah! ce fut dur, et ce n'est qu'à travers des déconvenues sans nombre, mais aguichantes au possible, et encore bribe à bribe, que je parvins à arracher à la maison mystérieuse son palpitant secret.

Nous étions en tout, et en me comptant, sept pensionnaires : un vieux musicien, barbu comme le Tibre, un ancien explorateur qui connaissait son Afrique comme le Bois de Vincennes, deux vieux industriels à mine retorse et rouée de vieux diplomates, un peintre bègue comme s'il avait dû jadis brosser ses toiles avec sa langue, et enfin un chercheur d'or qui en avait rapporté juste de quoi remplir le creux ardent de ses yeux fauves. Je parvins à circonvenir le musicien, peu à peu, en le prenant par sa corde sensible, la vanité ; quant au peintre, quelques bouteilles d'un whisky miraculeux (du whisky de la comète !) surent délier à propos, et petit à petit, sa langue ratatinée. Et voici ce que j'appris.

Mistress Pyms réunissait ses hôtes, une ou deux fois par semaine, de préférence les soirs de lune, dans une serre au fond du parc et dont elle seule avait la clef ; et là, couchés parmi les fleurs (et par quel artifice ? ils ne pouvaient le dire), on leur faisait manger et boire des rêves et des rêves, des rêves splendides, me disait le musicien, descendus, semblait-il, du paradis de délices où chacun avait logé naguère ses plus folles extases, ses plus friands espoirs, et chacun vivait son rêve en même temps que le rêve de tous ; et tous les rêves se confondaient en un rêve éblouissant, le plus parfait, le plus beau : un rêve d'amour.

— Car, ajoutait-il à voix basse et comme avec terreur, mistress Pyms a une fille, toute grâce et toute splendeur, la merveille, l'inouïe, Annabella, notre reine, la reine miraculeuse de nos festins de rêve.

Tiens, tiens! mistress Pyms avait une fille ? Oui! et même cette fille devait être très belle ; car elle-même, mistress Pyms, avait dû être, en son temps, et était encore, ma foi, d'une réelle beauté. Grande et fière comme je vous l'ai dit, elle portait haut, malgré les années, un visage d'une pâleur mate et d'une impassibilité de traits superbe, et si surprenante qu'auprès d'elle le marbre eût semblé démonstratif et un sphinx exubérant. Le corps, par malheur, s'était sinon tassé, du moins un peu empâté et déformé à la longue. La taille, légèrement mafflue, et les hanches un peu flottantes, semblaient s'être relâchées de leur fine et sobre tranquillité de lignes, comme découragées de la lutte, et résignées dans l'attente inévitable de l'alanguissement prochain. Mais ce qui, chez cet être bizarre, où chaque partie du corps portait nettement son âge, était inouï et inoubliable, étourdissant de jeunesse et magnifique d'entêtement, c'étaient les dents, et c'étaient les yeux. Des yeux de révolte, au regard roidi comme les pistils d'un lys qui s'obstinent à survivre au lys fané ! Des yeux au scintil fulgurant, impassibles et immuables comme deux étoiles fixes, deux étoiles vertes zébrées de fibrilles d'or, à l'horizon fuyant et muet du visage. Et des dents qui, elles aussi, avaient un regard, un regard aux feux humides, jetant leur pur éclat parmi l'éclat des prunelles, exaltant la physionomie à n'être qu'un regard, un regard éblouissant, et qui faisait mal à voir, comme un rai de soleil matinal sur la face miroitante d'un lac. Mais le lac, il faut bien l'avouer, le rai de soleil, ne s'allumaient qu'à de rares intervalles. On eût dit, le reste du temps, qu'elle éteignait ses dents et soufflait ses yeux, comme si elle ne voulait pas qu'on la reconnût. Oui, assurément, elle devait être très belle, sa fille, cette Annabella qui, à ces dents et ces yeux de miracle, joignait le miracle d'un corps à l'avenant, le corps svelte et gracieux de la fleur ressuscitée, où flambait, harmonieux, et à leur vraie place, le double pistil d'or de ces prunelles de songe.

Par quelles ruses je pus me glisser un soir de lune vers la serre, et, caché dans un massif, tout épier et tout voir, je vous le laisse à deviner. Ils étaient là, l'explorateur, le peintre, le chercheur d'or et les autres, dans un état d'exaltation et de jubilation semblable à celles qu'on observe chez les fumeurs d'opium, les paupières écarquillées, les narines sifflantes, le corps étendu en langueur sur des espèces de divans, et à portée de grandes fleurs écarlates, que je ne reconnus point, et dont les émanations âcres et tièdes m'arrivaient par bouffées à travers les feuilles. Ils parlaient avec volubilité, et des visions chantantes, passaient, repassaient, se harcelaient, s'entrecroisaient, se fondaient l'une dans l'autre, de leurs yeux en extase à leurs lèvres épanouies : Cléopâtre, aux yeux de marjolaine, au corps de couleuvre, qui devenait Margot se mirant, fûtée et rieuse, à la fontaine qui était la fée de l'or, glissant au fil d'argent de la rivière mystérieuse, qui était Laouli, la fillette au babil d'oiseau, aux yeux naïfs, emplis de ciel, des peuplades lointaines, qui n'était autre qu'elle, elle, l'unique, l'incomparable, la jolie, toute grâce et toute lumière, le songe, l'éclair de rêve, Annabella, Annabella !

Un grand cri, un cri de joie mêlé de frayeur, et tous bondirent, comme frappés en plein cœur, et les mains tendues ; et je la vis, l'ensorceleuse Annabella. Vous l'avez deviné : c'était elle, mistress Pyms ; mais, par quel prodige, radieuse, transfigurée, et dont la beauté, même en ce fastueux décor, pouvait sans trop d'insolence rivaliser avec la grâce frêle et la sveltesse des fleurs, au milieu desquelles elle se dressait, héroïque, drapée d'une écharpe de lune qui l'enveloppait, des pieds à la tête, d'une tunique de clarté. L'enchantement s'opérait et se parachevait, et me gagnait moi-même, au vouloir âprement tendu des yeux exaspérés, de ses yeux projetant une flamme surhumaine, et qui avaient, du fond de son sourire, l'éclat vertigineux d'un diamant en fusion dans le calice humide et lumineux d'une fleur. Oui, il suffisait de ce regard, pour ressusciter le charme aboli, défaner la fleur ! Elle était pour les regardants l'être parfait, l'être tout entier de ses yeux et de son sourire ; et par une réciprocité de magnétisme, cette beauté, dont chacun voyait se dévoiler pour lui la splendeur, elle y croyait, elle l'avait ! Au frisson contagieux, à la flamme dévorante des rêves dardés sur elle, son corps s'exaltait, grandissait, s'amincissait dans un brusque et merveilleux essor. Toute la brume des ans, appesantie sur elle, se vaporisait ; et de l'enveloppe traînante où sa souplesse flottait endormie, sa sveltesse prisonnière, sa grâce, semblait se dégager, agile et vigilante, comme se révèlent soudain les muscles d'acier du tigre aux plis chatoyants de sa peau de velours.

Et voilà ! *my dear*... A présent, vous savez le reste et l'histoire du *darling*. Elle s'est contentée, devant les juges, de souffler ses yeux et d'éteindre son sourire. Vous étonnerez-vous, maintenant, qu'en plein jour, et en plein tribunal, c'est-à-dire à la fois devant les hommes et devant Dieu, son amant ne l'ait pas reconnue ?

LES PRONOSTICS

L'a-t-on assez choyée, pendant sa grossesse, et dorlotée, et câlinée, la mignonne petite dame qui habite le bel hôtel du coin de la rue !

Toujours, d'ailleurs, tout le monde l'a gâtée, et sa famille, et son mari, et la fortune et l'existence. Elle est comme le rendez-vous des chatteries, si chatte elle-même, si délicieuse chatte, si méritante chatte !

Fille unique et riche, elle a épousé un riche fils unique, et elle l'adore, et elle en est adorée. Et combien a grandi encore cette adoration mutuelle, dans le surchauffement de l'adoration générale, depuis que la chère petite chatte est en passe d'offrir à toutes ces chatteries le cher petit chat attendu comme un Messie d'amour et de gloire !

Car les plus folles, et en même temps les plus légitimes espérances, fleurissent naturellement et logiquement, dans ce jardin de bonheur où il n'y a que printemps et soleil.

L'enfant à venir, en effet, ne saurait manquer d'être beau, d'abord ; car le père et la mère, sans flatterie aucune, en toute impartialité, sont vraiment beaux eux-mêmes, aussi beaux qu'on peut être beau à la moderne, c'est-à-dire en n'étant pas ridicule à force de beauté. Non, le père et la mère sont beaux correctement, mais beaux tout de même, il n'y a pas à dire non, lui avec ses allures sportives, sa robuste santé de gentleman, et elle avec sa grâce blonde, ses yeux célestes, et le sang rose qui lui court sous la peau, si jeune et si fort malgré son apparente délicatesse.

Quant aux qualités intellectuelles et morales, nul doute que le chérubin à naître n'en soit pourvu, et abondamment. Ou bien alors ce serait à nier toutes les lois saintes de l'atavisme et de la sélection ! Car la mère fut une des plus brillantes élèves du Sacré-Cœur, le père sort de l'Ecole polytechnique en personne, et on compte, parmi les ascendants des deux familles, un médecin célèbre, une des *lumières du bar-*

reau, trois ministres, un bas-bleu, un *archéologue distingué*, et plusieurs traducteurs d'Horace, dont l'un a même failli devenir académicien.

Que le rejeton de pareilles souches puisse être un simple mortel, comme le premier venu des simples mortels, c'est inadmissible, n'est-ce pas? Et ils ont raison, le papa et la maman, et les grands-parents donc, qui lui rêvent une destinée spéciale! Ils ne rêvent même pas, à vrai dire. Que parle-t-on ici de rêver? Ils concluent, voilà tout.

Aussi, est-ce en connaissance de cause, et non sans un certain respect pour la future illustration définitive des deux races, que les époux ont procédé, presque religieusement, à la semaille d'une pareille plante.

Et c'est religieusement tout à fait que la mère porte ce fruit, béni d'avance, et que le père admire le vivant tabernacle où s'élabore le petit dieu en gestation.

Cependant leur juste orgueil ne leur a point fermé le cœur aux misères de l'humble humanité ambiante. Car ce sont de bons riches, en somme, ces riches heureux.

Et ils sont bons surtout pour la pauvre

femme qui chaque jour passe sous les fenêtres de leur hôtel en poussant sa pauvre charrette de marchande des quatre-saisons.

Ils sont même d'autant meilleurs pour elle, la pauvre femme, qu'elle est grosse, elle aussi.

Quoiqu'elle ne la demande pas, on lui fait donc discrètement la charité, par l'entremise du valet de chambre, qui a raconté l'histoire de la malheureuse, histoire apprise (il ne s'en vante pas, le grave larbin) chez le mastroquet de la ruelle voisine.

Une lugubre histoire, hélas! Et aussi banale que lugubre, d'ailleurs!

Elle n'est plus jeune, la marchande des quatre-saisons. Elle approche de la quarantaine. Depuis toujours, elle travaille durement, pour sustenter tant bien que mal la pullulante progéniture dont son garnement d'époux la gratifie. C'est la seule gratification qu'elle en ait jamais reçue, au reste. Un ouvrier sans ouvrage, la plupart du temps. Il boit plus souvent qu'à son tour, le mauvais bougre; et quand il a bu, il cogne; et quand il a cogné, cela le dégrise; et alors on se raccommode; et voilà pourquoi la pauvre femme va mettre au monde son neuvième petit!

Que sera-t-il, que pourra-t-il bien être, l'infortuné? Un gueux comme les autres, et comme tous les siens.

Et pas beau, sûrement, ni bien sain non plus, puisque ses parents sont cette quarantenaire usée, vieillie avant l'âge, mal nourrie, éreintée de labeurs incessants, et ce pochard brûlé à tous les vitriols des assommoirs!

Et quel triste et fuligineux lumignon d'intellect charbonnera, en guise d'âme, dans cette si chétive lampe, si peu garnie d'huile, et de quelle huile!

Ainsi pensaient, et avaient toutes raisons de penser, évidemment, la mignonne petite dame enceinte qui habite le bel hôtel du coin de la rue, et son mari, l'ex-polytechnicien, confiant aux saintes lois de la sélection et de l'atavisme.

Et, cependant, leur futur grand homme, le petit dieu à venir semé si religieusement et si bien choyé dans son tabernacle, il est devenu, aujourd'hui, un rentier, un gros rentier, pas davantage, un n'importe qui pareil à beaucoup d'autres, ni beau, ni laid, d'un esprit médiocre, et qui n'a même pas ajouté une nouvelle traduction d'Horace à toutes les traductions d'Horace perpétrées par ses ancêtres.

Et, cependant, la gosseline que trimballait dans son sein douloureux la marchande des quatre-saisons, cette fille d'une quarantenaire usée et d'un poivrot, ce triste et fuligineux lumignon d'âme qui devait si misérablement charbonner dans la chétive lampe si peu garnie d'huile (et de quelle huile!), elle est devenue la mime incomparable, merveilleuse, miraculeuse, dont le jeu génial a révolutionné l'art dramatique, dont la royauté intellectuelle et physique impose un nouvel idéal de beauté aux plus hauts esprits des deux mondes, et dont le nom triomphal flamboie en lettres d'astre dans un incendie de millions et dans une apothéose de gloire.

Mais de cela, l'amour propagateur de l'espèce ne sait rien et ne se soucie même point. Rebelle à toutes les lois de la science, irréductible aux plus ingénieux pronostics, aveugle et sourd, il continue à semer au hasard, sur les êtres et sur les choses, les cantharides du désir.

Elles pleuvent, elles tourbillonnent, elles se posent, aveugles et sourdes, elles aussi, et se métamorphosant en mystérieux caprices, comme elles ont été semées, au hasard.

Et les unes, tombant au cœur d'une rose, s'y

chrysalident pour en sortir lamentables papillons, au corps de ver et aux ailes banales.

Et telle autre s'est collée sur un chiffon sale, que le vent roulait des ruisseaux aux tas d'ordure, et qui tout à coup, un jour, emporté là-haut dans l'espace, se déploie comme un pan de ciel bleu où s'allume le diamant d'une étoile.

PAPA MARDI-GRAS

— Comment! dit la fille, tu me refuses ça, toi? Vrai, tu n'es pas gentil, tu sais. Tu m'avais l'air d'un si bon garçon!

— Et surtout d'une si bonne bête, hein? répondit-il en riant. Eh bien! tu t'es mis le doigt dans l'œil, ma petite. Oui, ton joli doigt dans ton joli œil! Qu'est-ce que tu veux? Je ne suis pas godiche autant que j'en ai l'air, voilà tout.

— Oh! reprit-elle, pour deux malheureux louis, ce n'est cependant pas une affaire, voyons. Tu n'es pas un rapiat. Le mauvais champagne que nous buvons et le sale cigare que tu fumes t'en ont coûté un, de louis. Tu l'as jeté au garçon sans y faire attention seulement, en lui disant de garder la monnaie. Tu n'en es pas à un louis de plus ou de moins. Tu en as plein ton gousset, des louis.

Il fourra ses doigts dans la poche de son gilet, où de l'or, en effet, tintinnabulait. Il en tira deux louis.

— Tiens, fit-il, en les lui tendant. Ce n'est pas pour les louis, tu as raison. Je m'en fiche, des louis. Mais ne t'imagine pas, par exemple, que je coupe dans ton histoire. Ça, je te le défends.

— Tant pis si tu n'y coupes pas! répliqua-t-elle. Tant pis pour toi! C'est dommage.

Puis elle mit les louis dans sa bourse et ajouta :

— Enfin! je les prends tout de même. Ça me fait les cinq dont j'ai besoin. Papa aura ses fleurs, c'est le principal.

.˙.

Une bande d'amis venait de les retrouver au buffet. On les ramena dans le tourbillon du bal, parmi les vacarmes de l'orchestre et la bousculade des masques. Brusquement, au passage d'une farandole où elle fut entraînée, il la perdit.

Comme il demeurait là, immobile, les bras ballants, la mine songeuse, un de ses camarades, resté en plan aussi, lui dit soudain :

— Eh bien! quoi donc, vieux frère? Vous ne la digérez pas non plus, hein, vous, la blague de la tombe à papa? Avouez qu'elle est drôle, pourtant! Et que la mâtine ne la fait pas mal! Je parie qu'elle vous a tapé, comme moi. Oh! n'en ayez pas honte, allez! Nous ne sommes pas les seuls. Moi, ce n'est pas même la première fois. Voilà trois années de suite que je la fleuris, sa tombe à papa. De bon cœur, au reste. Elle est si cocasse, cette petite! D'ailleurs, je ne marche plus que de cent sous. Et vous, de combien? D'un louis, probablement? La première fois, on y va toujours d'un louis. On ne peut pas faire moins pour la tombe à papa. Non, mais l'idée est-elle assez jolie, assez amusante! Pas à dire, dans un bal de mardi-gras, c'est imprévu, c'est...

Ce bavardage ennuyait l'homme aux deux louis, qui profita d'un remous de la foule pour lâcher le bavard. La farandole repassait, embarbouillant les quadrilles. Il la suivit pendant une centaine de pas, puis fit halte à l'entre-deux des loges, espérant que le flux de la farandole lui rapporterait celle qu'il cherchait.

*
* *

Car il la cherchait à présent, et avait le plus vif désir de la revoir. Et pourquoi, cependant? Il n'en savait vraiment rien.

Sans doute, tout à l'heure, il avait vaguement madrigalisé sur le joli doigt et le joli œil de la petite. Mais ce n'avait été là, en somme, qu'une façon de parler. A tout prendre, la fille n'avait pas grand'chose d'extraordinaire. Menue, gamine, de frimousse éveillée, avec un nez en trompette et un regard frétillant de camelot, maigrichonne et dégingandée, elle ressemblait à beaucoup d'autres. De ces fleurs-là, écloses à si pullulants exemplaires sur le pavé de Paris, un Parisien ne fait pas plus de cas qu'un paysan d'une marguerite.

Alors, pourquoi tenait-il tant à la retrouver, à lui parler encore? A cause de la singulière histoire, peut-être bien? Eh! oui, à cause de cela, sûrement. Le bavard avait eu beau en bavarder sottement, de la tombe à papa; et lui-même avait beau se répéter qu'il n'en était pas dupe, malgré tout il y pensait et il ne pouvait s'empêcher de se dire :

— Qui sait si ce n'est pas vrai, en somme? Et comme ce serait curieux si c'était vrai!

Et il se rappelait aussi, avec un inexplicable frisson, la furtive mélancolie dont la petite avait bizarrement mouillé cette phrase, demeurée en lui sans signification précise :

— Tant pis si tu n'y coupes pas! Tant pis pour toi! C'est dommage.

* *

Parbleu! Oui, c'était dommage qu'il n'eût pas eu tout de suite l'âme assez naïve, prête à une douce foi en cette singulière histoire. A y croire bonnement, de quelle suave auréole n'eût-il pas vu se nimber aussitôt la frimousse de la petite, banale, sans cela, si étrangement spéciale et curieuse en cet inattendu halo!

Mais avait-elle pu, nettement, penser d'une façon subtile et raffinée à ce point, et est-ce bien de ce dommage-là qu'elle avait entendu parler? Si oui, combien plus intéressante encore elle paraissait, et plus précieuse à connaître mieux! C'était donc, alors, un être tout à fait rare?

Et pourquoi pas? Même en mettant les choses au pis, même en supposant l'histoire inventée, cette invention à elle seule ne prouvait-elle pas un esprit, à tout le moins original, et d'une faloterie funèbre ingénieusement assaisonnée en ce milieu de folie carnavalesque, fade, niaise et sans montant? Un vrai grain de poivre, dans toute cette ragougnasse!

.·.

Car voici les raisons qu'elle donnait, cette bizarre petite, à ses demandes d'argent, contre lesquelles, d'ailleurs, elle n'offrait rien en retour :

— Tu comprends, mon chéri, c'est un cadeau que je veux, c'est comme qui dirait ta souscription à une bonne œuvre, c'est pour aller demain, mercredi des Cendres, mettre des bottes de belles fleurs sur la tombe à papa. Il est mort une nuit de mardi gras, le pauvre homme. Et il aimait tant ça, les belles fleurs! Il nous en apportait toujours, lui, en venant nous voir le mardi gras. Il ne venait jamais nous voir que ce jour-là dans toute l'année, d'ailleurs. Mais il nous apportait des fleurs, à maman et à moi, et de la boustifaille et un panier de bouteilles de vin. Et ce qu'on faisait une noce, à la maison! Je l'appelais papa Mardi-Gras. Et il rigolait, il rigolait! C'est de ça qu'il est mort, une nuit, oui, de ça, probablement.

« Il était habillé en mardi gras. Il a eu comme une attaque, en rigolant. Et il nous est resté sur la table, le nez dans les fleurs, papa Mardi-Gras, et des fleurs plein ses mains, qu'on n'a pas pu lui retirer des mains. On l'a même enterré avec, et dans son costume encore! Alors, dame, tous les ans, à son anniversaire, à chaque mercredi des Cendres depuis quatre ans, je lui en porte, des fleurs, là-bas. Tu veux bien souscrire, dis, mon chéri? Ce que tu pourras. Je m'en rapporte à ton bon cœur. Plus tu me donneras, moins je serai forcée de faire la quête aux autres. Allons, fends-toi d'un louis, de deux louis. M'en faut cinq. Tu as l'air gentil, toi. »

Et elle souriait câlinement, et en même temps

clignait de l'œil avec un air gamin, tandis qu'elle tendait la main comme une mendiante et répétait :

— C'est pour la tombe à papa.

*
* *

A mesure qu'il se remémorait ces paroles, l'homme aux deux louis avait honte de lui-même. Non pas honte d'y croire ; car il y croyait maintenant, à se les remémorer. Mais honte de n'y pas avoir cru au prime abord, d'avoir fait le malin, le sceptique, celui qui ne coupe pas dans les godants, comme son idiot de camarade, comme le bavard de tout à l'heure.

Et il se reprenait à frissonner d'un inexplicable frisson, en se rappelant la phrase mélancolique :

— Tant pis si tu n'y coupes pas! Tant pis pour toi! C'est dommage.

Oh! oui, dommage! Il comprenait à plein, désormais, de quel dommage elle avait voulu parler. Sans doute, malgré son air final de ne pas croire à l'histoire, il avait dû paraître y ajouter foi tandis qu'il l'écoutait. Et la petite en avait été touchée, et elle lui en était reconnaissante, et sa phrase obscure signifiait :

— Tu ne me semblais pas pareil à tous les autres, toi, à ce tas d'imbéciles n'admettant pas qu'une fille ait du cœur. Et pour cela je t'aimais un peu, autant que je peux aimer. Mais non, tu veux être comme eux. Alors, je ne t'aime plus. Tant pis pour toi! C'est dommage.

Et il la cherchait, à présent, avec ardeur, avec une fièvre de désir, en se la représentant auréolée du nimbe précieux qu'il lui avait forgé au feu de toutes ces rêveries. Il la voyait telle qu'une extraordinaire et rare petite sainte parisienne, lis délicat ayant miraculeusement fleuri dans la boue.

Mais il ne la vit de la sorte qu'en son imagination. Et il passa vainement la nuit entière à nager et à plonger par la marée houleuse du bal, sans y retrouver nulle part en réalité la bizarre petite, dont il se sentait à présent devenir follement amoureux.

*
* *

Le lendemain, il courait chez le bavard, pour le faire bavarder à loisir sur la tombe à papa.

Mais le camarade avait mal aux cheveux, et d'ailleurs, ne savait rien de plus particulier.

— Ah! si, pardon, une chose! C'est que Machin la connaît et pourra vous donner des renseignements.

L'adresse prise, voici notre homme chez Machin, un peintre.

— La petite de la tombe à papa? Mais oui, parfaitement, je la connais. Son père était un confrère à nous. Ah! le drôle de corps! Elle tient de lui, la mâtine! Un farceur, si vous aviez vu ça! Un fumiste!

— C'est donc une farce, la tombe à papa?

— Pas du tout, pas du tout! Rien de plus authentique!

Et là-dessus, l'histoire au long de papa Mardi-Gras. Une vie de bohème et de bâtons de chaise! Une femme, une légitime, abandonnée avec un enfant, à peu près sans le sou! Mais, chaque année, en effet, au mardi gras, le père faisant à sa famille cette étrange visite de godaille! Et sa mort, telle que l'avait contée la petite! Et le reste, tout le reste, absolument exact!

— Une toquée, je vous dis, comme son hurluberlu de père!

*
* *

A une semaine de là, dans une brasserie, se fit la rencontre, cherchée en vain ailleurs, trouvée ici par hasard. Il rappela les choses du bal, les deux louis donnés pour la tombe à papa, et demanda ce que signifiait la phrase mélancolique : « — Tant pis pour toi ! C'est dommage. »

— Ma foi, répondit-elle, je n'en sais plus trop rien.

Il insista, précisant le sens qu'il avait imaginé, lui.

— Peut-être bien, fit-elle. Je ne dis pas non.

— Vous savez, reprit-il, que j'y crois, à l'histoire, que j'y crois pleinement.

— Tiens ! s'écria-t-elle en riant. V'là que monsieur me vouvoye ! Vous avez donc été aux informations, que vous me croyez ?

Il balbutia de vagues excuses. Il parla, ridiculement, d'auréole, de lis miraculeux.

Elle le regarda dans les yeux, fixement; puis, goguenarde :

— Ecoute, mon petit, dit-elle. La nuit du mardi gras, je suis ce que je suis, lis ou auréole, comme tu voudras. Mais ça ne me prend que cette fois-là dans l'année. Un coup que le mercredi des Cendres est passé, ça ne colle plus. Et je n'aime pas qu'on se paie ma tête. Garçon! une fine!

LA CONTREBANDIÈRE

C'est sur le terroir de Hourgny-le-Vieil, en Thiérache, pays fameux entre tous par ses fins et vaillants contrebandiers, c'est là qu'a glorieusement travaillé et qu'est morte héroïquement la reine des passeux de dentelle, la plus fine des fins et la plus vaillante des vaillants, Doctrové la Merlifiche.

Je l'ai vue et connue quand j'étais enfant, et que j'allais en vacances par là chez mon grand-père. J'ai entendu conter ses exploits dans les cabarets, où l'on buvait à sa santé, où l'on boit encore à sa mémoire, vidant les petites chopes de bière aigre et les godets de genièvre parfumé. Je dirai, au hasard du souvenir, qui était, et un peu de ce qu'a fait, Doctrové la Merlifiche.

Elle n'était déjà plus jeune, quand je la vis

jadis. Elle pouvait avoir alors la cinquantaine. Mais, tout de même, on était forcé de proclamer que ceux-là ne devaient pas être des menteurs, qui disaient d'elle avec enthousiasme :

— N'y a jamais eu à Hourgny-le-Vieil, ni dans toute la Thiérache, de plus belle fille que Doctrové la Merlifiche.

Elle était haute comme un carabinier, et bâtie en force, mais non grosse et mafflue, ainsi que le comportait sa taille, et de corps élégant et mince, au contraire, large d'épaules et menue des hanches, avec de longues jambes faites pour la course. Quand on la regardait par derrière, allant à grands pas et se balançant le torse, elle avait l'air d'un garçon déguisé en femme.

De face, par exemple, on reconnaissait bien que ce n'était pas un garçon. Elle avait toujours la poitrine ronde et jolie. Quant à son visage, quoique la vie à l'air l'eût recuit et tanné, quoique l'âge et les soucis l'eussent raviné de rides, il conservait une extraordinaire jeunesse, grâce à une chevelure drue, broussailleuse, en mèches épaisses et rebelles, et grâce, surtout, à une bouche et à des yeux qui, malgré ses cinquante ans, parlaient encore d'amour.

Sa bouche était toute petite, dessinée en chapeau de gendarme comme une bouche d'enfantelet, à la fois rieuse et méprisante ; et, chose rare en ce pays de mauvaises dents, garnie à miracle, et sans qu'il en manquât une seule, de quenottes blanches, courtes, carrées, capables, ainsi qu'on dit là-bas, de barater des *cailleux*.

Ses yeux, qui les voyait une fois ne pouvait les oublier. Et certes, moi qui ne les ai vus qu'avec des regards de bambin, j'en ai toujours gardé souvenance. S'ils étaient bleus, verts, gris, jaunes, ou d'une couleur quelconque, je ne saurais le dire. Non plus s'ils étaient étroits ou larges. Mais, ce que je sais bien, c'est qu'ils dardaient un feu pâle, et qu'en même temps ils étaient profonds comme des trous de lumière et qu'en plus, ils étaient mobiles et dansants comme de l'eau qui miroite, et qu'enfin, quand on les contemplait un peu longuement, on avait une irrésistible envie d'embrasser Doctrové la Merlifiche.

Or, à Hourgny-le-Vieil, en Thiérache, pays fameux entre tous par ses fins et vaillants contrebandiers, on fait la contrebande de bien des façons, à pied, à cheval, en carriole, au moyen de ceintures garnies, avec des chiens chargés de fraude, quelquefois même à coups de fusil. Mais Doctrové, elle, la faisait surtout avec ses yeux.

Les douaniers sont, là-bas, de rudes chasseurs. Par deux, ils vont, au coucher du soleil, se poster à l'affût, leurs carabines chargées, leurs dogues en laisse, et couchés eux-mêmes dans leurs longs sacs de peau, qui les garantissent du froid et de la pluie, et tout ensemble les dissimulent à ras de terre et derrière les haies.

Savoir où ils sont embusqués, et endormir leur vigilance, et surtout celle de leurs chiens, tout est là pour les contrebandiers. Les postes connus et signalés, on les évite. Les dogues amadoués, la route est libre pour les chiens fraudeurs, qui enfilent des venelles, se glissent par des coulées sous bois. Sans quoi, les pauvres chiens, chargés de tabac ou de dentelle, sont étripés par les dogues féroces; et le contrebandier, à pied, à cheval, ou en carriole, sert de cible aux tireurs de la douane.

Mais Doctrové la Merlifiche éventait les affûts les plus cachés. Toujours escortée de sa chienne qui (c'était le secret de Doctrové) toujours se trouvait en folie, Doctrové la Merlifiche dénichait les hommes verts couchés dans leurs sacs de peau. Et alors, tandis que sa chienne aguichait les dogues et les empêchait de flairer vers l'horizon, elle-même regardait dans les yeux les *préposés*, avec ses yeux qui donnaient envie de la baiser sur la bouche, et elle leur souriait, avec ses quenottes capables de barater des *cailleux*; et bonsoir l'affût! Les dogues hognaient et se battaient pour la chienne. Au hourvari des abois, les contrebandiers, avertis de loin, prenaient le large. Et les douaniers, ainsi que leurs dogues, en étaient pour leurs frais, restant bredouilles, et de tout; car jamais les dogues ne prenaient la chienne, pas plus que les *préposés* ne s'offraient Doctrové la Merlifiche.

Et de la sorte, pendant des ans et des ans, la contrebandière fut la reine de Hourgny-le-Vieil, tous les contrebandiers lui payant une part de ce qu'ils passaient grâce à elle.

A ce jeu, elle s'enhardit. Elle-même se chargea de fraude. L'histoire est célèbre d'un lot de dentelles valant trente mille francs, qu'elle portait à même sa poitrine, et qu'elle passa gaillardement au nez d'un lieutenant de douane, le laissant fourrager dans sa gorgerette, par bravade. En y trouvant la marchandise prohibée, le lieutenant eut un remords. Son devoir prit le dessus. Malgré les yeux de la belle et son sourire, il lui mit la main, non plus à la gorge, mais au collet, et voulut l'empoigner. D'un croc-en-jambe, elle le jeta par terre, lui défonça le ventre d'un coup de sabot, et s'enfuit.

Il n'osa se plaindre et avouer qu'une femme avait été plus forte que lui. Mais, dès ce moment, la consigne devint terrible contre elle. Tout douanier, convaincu d'avoir eu avec elle conversation seulement, fut destitué. Les yeux de Doctrové lui devinrent des armes inutiles. Elle avait, alors, quarante ans. Elle changea de tactique. Elle dressa, non plus une chienne, mais une meute de chiennes, à débaucher les dogues de la douane. Comment s'y prenait-elle pour tenir ces chiennes toujours en folie? C'était son secret, encore un coup. Les gens la prétendaient un brin sorcière. A ceux qui le disaient, elle répondait :

— Amon! Ce n'est pas pour des prunes qu'on m'appelle la Merlifiche. Mon père était merligaudier.

C'est en ce temps-là que je l'ai connue, à Hourgny-le-Vieil, en Thiérache, quand j'allais, enfant, en vacances chez mon grand-père. Je la vois encore, suivie de ses chiennes glapissantes, marchant à grands pas, haute comme un carabinier, bâtie en force, l'allure garçonnière avec ses longues jambes et ses hanches menues, toujours belle malgré ses cinquante ans, le toupet échevelé en mèches orgueilleuses, la bouche illuminée par ses dents de louve, et son âme d'audace, de ruse et d'amour dansant aux trous de lumière et d'eau de ses yeux pâles.

A sa table, avec elle, tenu entre ses genoux nerveux, j'ai bu dans sa chope de bière aigre et dans son godet de genièvre parfumé. Elle m'embrassait et me disait :

— Petit, sois n'importe quoi, mais ne sois jamais *préposé*. Sans ça, hou ! hou ! loup-garou ! Je te mangerais !

Et elle tâchait d'ouvrir toute grande, pour me faire peur, sa bouche si petite. Mais je n'en avais pas peur ; car, du diable si j'avais envie de devenir *préposé* ! On les détestait tant, dans le pays, les hommes verts !

Et elle avait particulièrement raison, elle, de les détester ! Après leur en avoir tant fait voir, et de grises, aux hommes verts, elle devait finir par en être la mauvaise marchande, ma pauvre Doctrové. Hélas ! les irréguliers n'ont jamais le dernier mot. Toujours la société en vient à bout. C'est pourquoi, ils sont beaux, n'est-ce pas, sachant d'avance qu'ils sont des victimes ?

Doctrové, devenue vieille, se vêtit en homme, fit la fraude à cheval et, un jour, fut jetée bas, d'une balle dans le dos. Blessée, elle attendit les deux hommes verts qui arrivaient pour la prendre et les tua tous les deux avec un revolver de contrebande. Leurs dogues lui sautèrent à la gorge et lui dévorèrent le visage, son visage qu'elle devait encore avoir joli sous les rides et les cheveux blancs; car rien ne pouvait avoir éteint, j'en suis sûr, le sourire de sa bouche enfantine aux dents de louve et la flamme de révolte fleurissant ses yeux pareils à de l'eau courante dans du soleil.

Et c'est pourquoi, en buvant à sa mémoire une chope de bière aigre et un godet de genièvre parfumé, je viens d'avoir ici le cœur gros de larmes, tandis que je me rappelais la contrebandière de Hourgny-le-Vieil, en Thiérache, la reine des passeux de dentelle, Doctrové la Merlifiche.

ELVIRE VENGÉE

Quand arriva pour Don Juan son tour de comparaître devant le tribunal d'outre-tombe, il s'y présenta bravement et orgueilleusement, comme il avait coutume de le faire partout et en présence de n'importe qui. Beau joueur et toujours arrogant, il commença par dire :

— Pas de discussion, n'est-ce pas? Ma cause est perdue d'avance, je le sais, et je tiens, d'ailleurs, absolument, à ce qu'il en soit ainsi.

— Et pourquoi donc, mon cher enfant? lui demanda le Père Éternel, en souriant, d'un air à la fois doux et fin, dans sa grande barbe blanche.

— Pourquoi? répliqua Don Juan. Mais simplement, bonhomme, parce que j'ai toujours fait toutes mes volontés et parce que, au nombre d'icelles se trouve la volonté expresse d'être damné.

Sans s'offusquer d'être appelé si dédaigneusement bonhomme, le Père Éternel sourit derechef dans sa grande barbe blanche, et, d'un air encore plus doux et plus fin, en hochant la tête, il dit :

— Eh! eh! beau fils, être damné n'est point si facile que tu le crois.

— Par exemple! riposta Don Juan.

— N'aie pas une mine si interloquée, interrompit le bonhomme. Cela ne te va guère. Un être tel que toi ne doit s'étonner de rien. Et si tu avais gagné le paradis sans t'en douter, que dirais-tu donc?

— Je dirais, reprit Don Juan, qu'il y a là-dessous quelque gabegie, et cela ne saurait me surprendre de ta part. Mais j'y mettrais bon ordre, sois tranquille, car je m'entends en casuistique.

— Alors, tu consens à discuter.

— Il le faut bien, puisque, si j'ose m'exprimer ainsi, tu cherches à me *mettre dedans*.

— Dedans mon paradis, c'est vrai, fit gaiement le Père Éternel qui sembla goûter fort sa plaisanterie.

Ce ton peu sérieux agaçait visiblement Don Juan, qui s'était attendu à trancher du héros devant un grand juge terrible et qui se trouvait réduit à un rôle comique en face de ce vieux Père-la-Joie aux allures de commissaire farceur. C'est donc en riant jaune qu'il reprit :

— Eh bien! vas-y. J'attends. Quand, où et comment l'ai-je gagné sans m'en douter, ton paradis dont je ne veux pas?

Le Père Éternel fit un signe et l'on introduisit Saint-Yves, patron des avocats, que suivait un troupeau de mille et trois femmes.

A leur vue, Don Juan se frotta les mains et ricana :

— A la bonne heure! Au moins tu es impartial et j'aime à constater que tu n'as oublié aucun des témoins à charge.

— Pardon! interrompit Saint-Yves, pardon, jeune homme! La langue vous a fourché. Vous voulez dire : témoins à décharge.

— A décharge! s'exclama Don Juan. Allons donc!

— Comme j'ai l'honneur de vous en faire part, continua Saint-Yves. C'est même à la requête pressante de ces mille et trois personnes que je plaide votre admission au paradis. Nous nous appuyons sur le texte : « *Il lui sera beaucoup pardonné parce qu'il a beaucoup aimé.* » Et je prétends et maintiens...

Il allait entamer une longue période, ayant pris à cet effet une ample provision d'air; mais il eut la parole coupée par un *chut* énergique de Don Juan, qui dit au Père Éternel :

— Je vous en prie, monsieur le président, épargnez-moi le discours de ce bavard. Avant qu'il l'ait prononcé, je vais le réfuter d'un mot. Le texte sur lequel il s'appuie ne s'applique en aucune façon à mon cas. J'ai été beaucoup aimé, j'en conviens; mais, *distinguo*, je n'ai jamais aimé, jamais. Par conséquent...

A son tour il eut la parole coupée. Mille et trois voix venaient d'éclater furieusement et passionnément, et chacune criait :

— Si, si, moi, tu m'as aimée. Moi! J'en suis sûre.

En vain Don Juan se bouchait les oreilles. Il les entendait quand même. Et, ne les eût-il pas entendues, qu'il eût bien été forcé de comprendre ce qu'elles clamaient, rien qu'à voir ces regards tendres, délirants, extasiés, où flambait la foi en lui.

Cependant saint Michel poussa un vigoureux:

— Silince!

Et le tumulte enfin s'apaisa, en un murmure pâmé.

— Il faut, dit alors Don Juan, que vous soyez bien naïfs et bien jeunes, en vérité, pour vous en rapporter à ces folles.

Puis, avec un ton de souveraine noblesse, hautain et un peu irrité :

— Il me semble qu'entre leur parole et la mienne...

— Quoi! fit le Père Éternel, d'une voix émue, tu n'en as réellement aimé aucune, de ces malheureuses, aucune, bien sûr?

— **Aucune**, répondit Don Juan (d'une voix très ferme, lui!) A chacune d'elles, sans doute, j'ai affirmé que je l'aimais, et chacune m'a cru, et toutes me croient encore. Cela prouve combien je savais mon métier de séducteur. Rien de plus. Mais en elles je n'ai jamais aimé que moi, que mon rêve. Voyons, ne m'obligez pas à vous faire là-dessus une dissertation, après tant de commentateurs, philosophes, poètes. Tout cela est connu, classé, classique.

— Saint-Yves, dit le Père Éternel, qu'as-tu à opposer à cet argument? Il me paraît assez solide, je l'avoue.

Saint-Yves, fort vexé d'avoir été traité de bavard, déclara qu'il n'avait rien à opposer et que, le Père Éternel en personne trouvant l'argument solide, il n'avait plus, lui, simple saint, à s'obstiner. Mais les mille et trois femmes se récrièrent violemment.

— Silince! glapit de nouveau saint Michel.

Déjà Don Juan triomphait, et le Père Éternel, on doit le reconnaître, se grattait le menton à travers sa grande barbe blanche, ne dissimulant pas qu'il était quelque peu embarrassé.

Soudain, du troupeau des mille et trois, deux femmes se détachèrent, l'une en haillons, l'autre en riche toilette de deuil. Celle-ci tenait la pauvresse par la main et elle articula lentement :

— Voici une créature que tu as aimée, Don Juan, rappelle-toi.

Cette fois Don Juan tressaillit. Mais ce fut imperceptible. Tout de suite il se ressaisit pour interpeller ironiquement la femme en deuil.

— Parbleu! dit-il, j'aurais été surpris si tu avais manqué l'occasion de me faire une scène, donc Elvire.

— Je t'adore toujours, répondit tristement donc Elvire, et je ne veux pas que tu sois damné. Avoue donc que tu as aimé cette pauvresse, que tu n'as cherché en elle ni la satisfaction d'un désir passager, ni une joie de vanité mauvaise, ni même ce je ne sais quel rêve dont tu parles toujours. Avoue, comme tu me l'as avoué jadis, que tu lui as fait l'aumône de ton corps et de ton cœur sans arrière-pensée, par charité pure, et qu'en ce moment-là tu as connu l'amour véritable qui consiste à se donner tout entier sans espoir de rien recevoir en retour.

On contemplait avec stupéfaction la pauvresse, cette étrange aimée, si différente des autres, si peu digne d'avoir sa place parmi les mille et trois, et l'on se demandait, dans un profond effarement :

— Se peut-il qu'il l'ait aimée, qu'il n'ait aimé qu'elle, lui?

Elle était, en effet, comme au jour où elle avait quitté la terre, après avoir passé une unique nuit avec Don Juan. Il ne l'avait jamais possédée ni plus jeune ni plus belle.

C'était une lamentable mendiante de cinquante ans environ, au corps déformé par la misère, aux chairs talées par la débauche des carrefours, au visage bouffi d'ivrognerie, à la bouche égueulée de crapule. Ses maigres cheveux dénoués laissaient voir sur son crâne des plaques saignantes où manquaient des mèches arrachées dans des rixes. Un de ses yeux disparaissait sous la peau gonflée des paupières qu'avait tuméfiées et bleuies un coup de poing d'arsouille.

Tous les regards interrogeaient Don Juan, tandis que done Elvire lui répétait :

— La reconnais-tu? Ose donc affirmer que tu ne l'aimas point, celle-là, d'un amour désintéressé, noble et grand?

Il se redressa fièrement, alla vers la pauvresse et dit :

— Oui, je la reconnais. Oui, j'ai couché avec elle, comme avec toutes les autres. Et, je le confesse, je lui ai donné, à elle, plus qu'aux autres. Je ne mentirai pas. Voici la vérité.

Et simplement, il raconta comment un jour, passant sur une place publique où un hercule faisait des tours, il avait remarqué dans l'assistance cette malheureuse qui bavait d'admiration et de désir devant le beau mâle, et comment l'idée lui était venue, par un caprice bizarre, de satisfaire lui-même cette fringale évidemment condamnée à demeurer inassouvie, et qu'il avait emmené la pauvresse et l'avait régalée, saoûlée, tuée de volupté frénétique pendant toute une nuit, sans y prendre personnellement d'autre plaisir que celui de la voir, elle, mourir de plaisir.

— Mais ce que tu ne savais pas, Elvire, ajouta-t-il, c'est qu'en agissant de la sorte, j'avais une arrière-pensée.

— Quelle? demanda Elvire.

— Je voulais, reprit-il, te faire commettre, le lendemain, le pire des péchés mortels. A ton tour, rappelle-toi.

— Je me rappelle, dit Elvire. Tu vins, sortant des bras de cette femme, me raconter ton action et t'en vanter comme si elle était mauvaise. Et moi, je la jugeai bonne, et je te prouvai que tu avais été charitable, sans le dessein criminel que tu voulais t'imaginer après coup. Et cette infidélité-là, je te la pardonnai, je me jetai sur ton sein en te bénissant de me l'avoir faite, et jamais je ne t'avais autant aimé que dans cette fange radieuse de ta sainte aumône.

— Et te souviens-tu aussi, interrompit Don Juan avec un aigre rire, te souviens-tu du mot que je te dis alors pour réfréner ton désir et te montrer ton horrible péché d'intention? Ah! ah! t'en souviens-tu? Comme tu me caressais éperdument, comme tes lèvres se collaient avides à mes lèvres, comme les doigts amoureux s'égaraient où tu sais bien, je te dis, en forme de plaisanterie blasphématoire, que tu allais te damner irrémissiblement, puisque tu portais la main sur le tronc des pauvres.

D'un geste pudique, donc Elvire ramena sur son visage ses voiles de deuil, au travers desquels on la vit effroyablement rougir.

Et de nouveau Don Juan triomphait, définitivement cette fois, et son aigre rire se changeait en une joyeuse fanfare de victoire.

— Eh bien! non, s'écria tout à coup Elvire, non, tu ne seras pas damné comme tu le veux, Don Juan. Je te sauverai malgré tout. Tu as révélé la honte de mes désirs. Je révélerai ce qui m'a empêchée de les satisfaire. Voici mon voile relevé. Qu'on voie à plein la rougeur de mon front! Mais qu'on sache aussi jusqu'à quel point tu t'étais donné tout entier en aumône à la pauvresse.

— Tais-toi! tais-toi! rugit Don Juan.

— Je ne me tairai pas, reprit-elle. Car si je ne l'ai pas volé, le tronc des pauvres, comme tu disais, si je n'ai pas pu le voler, rappelle-toi, rappelle-toi, ô Don Juan, c'est que le tronc des pauvres était vide!

Le Père Éternel, les saints, les anges, les mille et trois, tout le monde éclata de rire; et Don Juan, penaud, fut condamné à rester dans le paradis, où il chante du Mozart.

L'ENSEMENCIÈRE

Mon ami le docteur m'avait dit :
— Si vous voulez tuer des perdrix, allez plutôt du côté de Guérande ; mais, si vous tenez à voir de beaux oiseaux, quitte à ne pas les mettre en joue, car ils sont farouches, allez par la côte jusqu'à la muraille de roches qu'on nomme le Grand-Autel. Il y a là des aigles de mer, sortes de pygargues extrêmement rares.

Puis, il avait ajouté, avec un singulier clin d'œil :

— Il y a surtout une pygargue humaine dont vous me direz des nouvelles, si vous avez la chance de la rencontrer. On l'appelle, dans le pays, l'Ensemencière. Je vous raconterai pourquoi quand vous l'aurez vue, et quand vous serez entré chez elle. Avec un peu d'astuce, vous y arriverez, pourvu qu'elle soit en un jour de bonne humeur. Le meilleur moyen de l'apprivoiser, au reste, c'est de lui offrir des cigares et de l'eau-de-vie. Munissez-vous en conséquence. Si vous avez quelques perdrix dans votre carnier, offrez-les aussi. Un bel écu de cent sous ne sera pas de refus non plus. Maintenant, si, après tous ces cadeaux, elle ne veut pas vous montrer son homme, n'insistez pas trop; car l'Ensemencière est brutale et forte. Il n'y a pas un gas dans toute la presqu'île pour lui faire le poil. Tenez-vous sur vos gardes et décampez vivement si elle a sa gueule de travers. Vous n'en seriez pas le bon marchand, monsieur le chercheur d'aventures.

On pense bien qu'ainsi averti j'en valais deux et que j'étais parti en chasse avec l'unique désir de rencontrer la mystérieuse Ensemencière. Les perdrix, et même les pygargues, je n'y songeais même pas. Que saint Hubert me le pardonne! Mais quoi! La chasse est une absorbante passion; et la première compagnie de perdreaux me trouva, malgré tout, le fusil prêt à en dégoter deux; après quoi, un cri aigu vers la côte me fit m'engager dans les roches à la quête des aigles de mer. Si bien, ma foi, que bientôt je fus sur un sentier où je n'avais guère chance de voir l'Ensemencière.

Car du diable si une femme aurait pu y marcher! J'avais toutes les peines du monde à m'y tenir, moi, en équilibre; et mon chien n'avait pas trop de toutes ses griffes pour s'y agripper.

Qu'importait, au reste? Tantôt plus haut, tantôt en dégriboulant dans des creux, on allait, aguiché par les cris de trompette de deux grandes pygargues qui tournoyaient au-dessus de nous et que j'espérais avoir au bout de mon fusil tout à l'heure.

J'étais embusqué dans une halte entre deux roches, et j'y attendais, immobile, depuis vingt bonnes minutes, un peu las de mes grimpettes vaines, mais joyeux à voir les aigles tournoyer de plus en plus bas, quand soudain je m'aperçus que la mer montante m'environnait. La retraite m'était coupée. Et, devant moi, c'était à pic. Allons! il faudrait revenir en me mouillant jusqu'au ventre, peut-être plus haut. Sacrées pygargues, va!

Comme je me préparais à entrer dans l'eau, une voix rude me cria, comme un ordre :

— Bougez pas, j'vas vous qu'ri!

Et je vis surgir de derrière une roche un grand gaillard, porteur d'un énorme haveneau, et tout ruisselant comme un noyé.

Il était vêtu d'une culotte large et d'une vareuse et devait, par-dessous, être *grillé* de laine ; car, malgré l'eau dont il était trempé, son costume ne lui collait pas au corps. Il semblait habillé d'éponges. Il en avait l'air informe. Un aspect et un galbe de monstre marin ! La tête, néanmoins, était belle, sauvage d'ailleurs, avec son nez en bec de poisson, sa petite moustachette semblable à du poil de phoque, et ses yeux couleur de flot trouble, et ses longs cheveux à la bretonne, tombant sur les épaules en mèches plates et raides comme une coiffure faite d'algues noires.

Quelques larges enjambées sur la roche voisine ; puis le gas entra dans l'eau que j'aurais eu à traverser. Il en avait jusqu'aux aisselles d'abord. Il en eut un moment jusqu'au ras du menton. Comme il était beaucoup plus grand que moi, j'en aurais eu sûrement par-dessus les yeux et peut-être même davantage.

Arrivé près de ma roche, il tendit son haveneau :

— Asseyez-vous dedans, fit-il. Comme ça,

vous ne serez pas mouillé. Asseyez-vous dedans, que je vous dis.

J'obéis. Il assura la gaule du haveneau sur son épaule, et je me sentis soulevé par un être d'une force extraordinaire. Je ne pus m'empêcher de lui en témoigner mon admiration, une fois posé à sec sur le sentier; et j'en soulignai le témoignage avec une pièce de cent sous.

Le gas regardait le filet de mon carnier où s'ébouriffaient des plumes.

— C'est des pédrix, dit-il. V'là qui f'rait bellement mon affaire.

Je les lui donnai. Il reprit, avec un regard sournois :

— Si vous aviez aussi un petit de tabac, v'là qui f'rait cor mon affaire bellement. Et des bons cigares surtout!

Je tirai mes cigares, et, en même temps, ma gourde, et les lui offris de bon cœur, en disant :

— Ma foi! cela se trouve bien. J'avais emporté ça pour une autre personne; mais elle s'en passera.

— Quelle autre personne? demanda le gas.

— Parbleu! répondis-je, vous pourrez peut-être, vous qui êtes de par ici, m'indiquer où

j'aurai chance de la rencontrer, cette personne.
J'aimerais bien faire sa connaissance. On m'a
dit qu'elle avait nom l'Ensemencière.

— Qui vous a dit ça? interrogea le gas avec
un mauvais froncement des sourcils.

— Qui? Mais le médecin.

— Eh bien! répliqua le gas, à dents serrées
et le nez pincé, vous y direz de ma part, au
médecin, que c'est une bête, de répéter ainsi
les soubriquets faits par les autres, et vous y
direz, à ces autres, qu'ils sont des bêtes aussi,
et vous y direz à tous et à chacun que l'Ensemencière se fout d'eux et que v'là ce qu'elle
ensemence pour eux.

Et l'Ensemencière au corps de gas, aux
membres d'hercule, à la gueule de poisson, aux
moustaches de phoque, au corps de monstre
marin, aux yeux de vague, l'Ensemencière se
plaqua sur la fesse droite une grande claque qui
fit jaillir une rosace d'eau en éventail et dont le
vent seul eût pu me jeter par terre à jambes
rebindaines.

Après quoi, elle me montra une sorte d'escalier taillé dans le roc, et que je n'avais pas vu
en passant :

— Prenez par là, me dit-elle. En haut, vous

tournerez à gauche. Ne tournez pas de l'autre bord, au moins! C'est mon chemin, à moi. Ne vous y trouvez pas, harné!

Et elle rentra dans l'eau en jurant. On eût dit un scaphandre qui plongeait avec de sinistres glouglous.

Deux heures plus tard, j'étais chez mon ami le docteur, à qui je racontai mon aventure, et qui m'apprit en retour l'histoire de l'Ensemencière.

C'était une pêcheuse de crevettes, de homards et de lubines. Plus forte qu'un homme, avec son haveneau de géant, un croc à déraciner du granit et des lignes de fond garnies de fonte, elle ramassait des crevettes grosses comme le pouce, des homards longs comme l'avant-bras et des lubines de dix livres. Elle allait les vendre à la ville voisine. Mais les plus belles pièces, non pas! Celles-là, elle les gardait pour son homme.

— Ah! son homme, quel malheur que vous n'ayez pu le voir! D'autant que vous m'auriez donné des renseignements sur lui. Imaginez-vous un malade d'espèce particulière. Il a les jambes desséchées. Un ancien tailleur, il est vrai. L'habitude d'être assis en grenouille! Mais il doit y avoir autre chose. Un commencement de myélite, je pense. Or, vous savez sans doute qu'au début de la myélite il se produit une exacerbation extraordinaire du sens génésique. Mais ce qui m'étonne ici, c'est que voilà six ans déjà que dure chez lui cet état. Oui, six ans qu'ils sont là, tous les deux, reclus dans leur cabane et leur amour. Car ils s'aiment follement. Ou plutôt elle l'aime, cette brute, cette bête sauvage, ce monstre marin et à moustaches et, depuis six ans, elle se repaît de lui, sans le tuer. Je ne sais pas comment ça peut durer ainsi. C'est inexplicable. C'est admirable. Songez que ce tailleur est un petit gringalet, blondinet, à face poupine, au corps mignon. Un enfant de chœur, tenez ! Qu'elle ne l'ait pas tout dévoré encore, je n'en reviens pas !

— Mais, interrompis-je, et ce surnom de l'Ensemencière, vous deviez me dire pourquoi...

— Dame ! répondit le docteur, c'est bien simple. Les soins, les gâteries, vos cigares, l'eau-de-vie et surtout, surtout, les crevettes énormes, les homards extravagants, les lubines invraisemblables, tout ce poisson phosphoré, toute cette crème de la mer, tout ça, c'est de quoi elle l'ensemence, parbleu, l'Ensemencière, et c'est ce qu'elle mange en lui, voilà!

Et le docteur poussa de nouveau un « c'est admirable! » avec une expression d'envie, bien naturelle, n'est-ce pas, avouez-le?

LE DUO

I

Longtemps, très longtemps, ils s'étaient émerveillés eux-mêmes et avaient émerveillé la nature entière autour d'eux, à chanter cet incomparable duo d'amour.

Non pas que la musique en fût extraordinaire, pour qui voulait l'étudier de sang-froid. Bien loin de là! C'était une mélodie fort simple, de tournure plutôt vieillotte, et même, à vrai dire, d'inspiration assez banale. Il semblait qu'on l'eût toujours entendue. On la devinait dès la première mesure. On croyait presque se la rappeler. D'avance, on la savait par cœur. Et, quant à l'harmonie, un enfant l'eût inventée.

Ce n'était pas non plus que les deux exécutants fussent doués de voix mirobolantes. Des organes quelconques, justes, sans plus. Encore faut-il avouer que, pris séparément, ils n'étaient point des plus agréables. Le baryton de l'homme s'éraillait parfois en rauques borborygmes, et le soprano de la femme se vinaigrait volontiers de grinçantes miaulades.

Mais ces défauts disparaissaient dès que les deux voix chantaient ensemble. Du mariage de ces imperfections naissait un accord de perfection idéale. Ainsi l'on voit des époux, aux laideurs bien assorties, donner le jour à un bel enfant.

D'ailleurs, on doit leur rendre ce témoignage, ils chantaient leur duo admirablement en mesure. Et cependant, on doit le reconnaître aussi, il était d'un rythme incommode, hérissé de syncopes, de triolets et de contre-temps. Tel quel, néanmoins, ils l'avaient déchiffré à première lecture sans trop d'accrocs, puis en avaient peu à peu saisi toutes les capricantes difficultés, et enfin étaient arrivés à cette magistrale exécution qui les émerveillait eux-mêmes et autour d'eux émerveillait la nature entière.

Car la nature entière, ils n'en pouvaient douter, prenait part à leur ivresse quand ils chantaient l'incomparable duo.

Les passants s'arrêtaient sous la terrasse et disaient :

— Quel ensemble! Comme c'est fondu!

Dans les arbres du parc, les rossignols essayaient d'abord de rivaliser, égrenaient leurs plus triomphantes roulades, filaient leurs notes les plus expressives, et bientôt se taisaient, comme vaincus.

Là-haut, la lune semblait à la fois sourire et pleurer d'attendrissement, et les étoiles du ciel faisaient penser à un parterre d'anges, dont les yeux adamantins scintillaient de divine extase.

Alors, extasiés eux-mêmes, le cœur inondé de joie et d'orgueil, les deux chanteurs tombaient dans les bras l'un de l'autre, et longuement se baisaient et s'écriaient en un sincère élan de mutuelle admiration :

— Jamais, jamais personne n'a chanté aussi bien que nous.

Et, de bonne foi, ils se croyaient les premiers artistes du monde.

II

Il arriva que des circonstances, *indépendantes de leur volonté*, les obligèrent à se séparer. Ils en eurent grand chagrin, cela va de soi. Nonobstant, comme ils étaient certains de se retrouver bientôt, ils se consolèrent en se répétant à l'envi :

— Nous n'en aurons que plus de bonheur à nous revoir.

Aussi bien, sans vouloir s'en faire l'aveu, n'étaient-ils pas fâchés, au fond, de prendre un brin de repos. On les eût, à coup sûr, indignés, en insinuant qu'ils devaient être las de toujours chanter l'incomparable duo. Et, certes, ils ne pensaient point l'être. Car, chaque fois qu'ils s'y remettaient, ils en éprouvaient une jouissance nouvelle, dont la monotonie elle-même leur était un charme. Mais cela n'allait pas sans cette idée de derrière la tête :

— Qui sait si ce n'est pas là un charme d'habitude ?

Et, précisément parce que cette habitude leur était chère, ils avaient le pervers désir, si naturel, de la rompre un temps, ne fût-ce que pour avoir à la regretter et pour se donner le besoin de la reprendre.

Ils se quittèrent donc sans trop de douleur, malgré leurs larmes, et même ils se dirent au revoir avec une pointe de contentement intime.

Proclamons, à leur louange, qu'ils eurent honte, en leur for intérieur, de ce mouvement de satisfaction. Chacun d'eux se le reprocha consciencieusement, et, pour s'en punir, ne manqua pas de s'écrier :

— Sois tranquille, je n'oublierai point les belles et nobles joies que nous avons ressenties ensemble. Tous les jours je repasserai, comme si tu étais là, notre incomparable duo. Je m'imaginerai que tu fais ta partie, à côté de moi. Je l'entendrai, cette partie. Et, du même cœur, avec le même zèle, avec le même enthousiaste amour, je ferai la mienne. Et ainsi nous le chanterons toujours, notre duo, même séparés.

Et ce fut une douce kyrielle de recommandations, tandis qu'une dernière fois ils parcouraient les pages adorées. Car, pour cette occasion solennelle, ils n'avaient point voulu les redire de mémoire, mais avaient posé la partition sur le piano, comme au jour lointain où ils l'avaient déchiffrée si délicieusement.

— Oh! ce trait, ne va pas le modifier! soupirait la femme.

— Cette tenue, ne t'avise pas de la raccourcir! suppliait l'homme.

— Et ce changement de mesure, songes-y ! Cet exquis changement !

— Et cette rentrée au second temps, garde-la bien ! Cette suave rentrée !

— Toujours, toujours, tu peux en être assurée, toujours !

— A jamais, à jamais, je te le jure, oh ! oui, à jamais !

III

C'étaient deux cœurs loyaux, si loyaux et si fidèles. Une fois séparés, ils comprirent combien ils s'aimaient, et chacun se promit de tenir héroïquement la parole donnée à l'autre.

Mais pourquoi héroïquement ? Avaient-ils donc besoin d'héroïsme pour si peu de chose ? Ah ! n'était-ce pas un plaisir, un tendre et mélancolique plaisir, de se remémorer sans cesse l'incomparable duo, d'en répéter la vieille mélodie, avec la sensation d'avoir là, près de soi, la voix absente qui faisait sa partie comme autrefois ? Est-ce que chacun n'entendait pas, au plus profond de son âme, chanter cette voix absente ?

Oui, sans doute ! Et cependant, la nature entière n'était plus comme autrefois, émerveillée elle aussi. L'enchantement désormais était solitaire. Personne ne le partageait plus. Au contraire! Il semblait que tout le monde se moquât.

Les passants en riaient sous la fenêtre entr'ouverte.

En écoutant le baryton tout seul, ils disaient :
— Quel chaudron!

A entendre glapir le soprano sans basse, ils s'esclaffaient :
— Quelle seringue!

Et le baryton et le soprano pensèrent, chacun de son côté :
— On ne peut pourtant pas chanter un duo à une voix.

Si bien qu'un beau jour, le baryton se mit en quête d'un nécessaire soprano, et le soprano d'un indispensable baryton. Que diable! L'harmonie est l'harmonie, n'est-ce pas? La musique avant tout!

Evidemment, il ne s'agissait pas de trouver, ni même de chercher, une voix pareille à la voix absente. Des voix comme celle-là, il n'en existait point, il ne pouvait pas en exister. Il n'y en avait qu'une seule au monde, une, pas davantage.

Et donc, par pur amour de l'art, sans arrière-pensée de trahison, sans déloyauté aucune, le baryton s'aboucha bientôt avec un soprano quelconque, oh! très quelconque, et le soprano fit appel au premier baryton venu.

Inutile d'ajouter que le loyal baryton, en chantant avec le soprano quelconque, songeait au soprano absent, et ne songeait qu'à *elle*. Inutile de dire aussi que l'absente, toujours fidèle, en chantant avec son premier-venu de baryton, n'entendait que la voix aimée de l'autre.

Et l'homme et la femme continuaient à s'écrire de bonne foi :

— Ne crains rien pour notre incomparable duo. Chaque jour, en pensant à toi, je le répète. Je n'en ai perdu aucun mouvement, aucune nuance. Loin de là! Il me semble y avoir découvert de nouvelles beautés. Oh! des riens! Mais enfin quelques petites choses auxquelles nous n'avions pas fait attention. Quelle joie nous aurons à les redécouvrir ensemble! Comme tu me remercieras d'avoir si bien gardé nos *traditions*, en y ajoutant d'autres *effets*! Tu verras! Tu verras!

Et, chacun de son côté, ils s'émerveillaient

derechef et autour d'eux émerveillaient la nature entière, à chanter l'incomparable duo.

Car le soprano quelconque et le premier-venu de baryton valaient leurs prédécesseurs ; et, bien que le rythme du morceau eût changé, que les nuances en fussent maintenant différentes de part et d'autre, aujourd'hui comme autrefois chaque couple de chanteurs ravissait les passants, et faisait taire les rossignols, et voyait au ciel la lune indulgente sourire et pleurer d'attendrissement, tandis que les yeux adamantins des anges scintillaient dans la divine extase des étoiles.

IV

Ils se retrouvèrent, enfin, après une longue séparation, les deux cœurs loyaux, si loyaux et si fidèles.

De bonne foi toujours, comme ils avaient été en s'écrivant, comme ils avaient juré en se quittant, comme ils avaient tâché de tenir au mieux leur parole, de bonne foi ils s'embrassèrent et se dirent :

— Quelle ivresse, de reprendre notre duo ! Quel charme de renouer l'habitude interrompue! Avec quelle certitude de bonheur nous allons nous prouver notre immuable et immarcescible amour!

Et, ainsi qu'au jour du départ, en cette solennelle occasion du retour, ils voulurent poser sur le piano la partition et en tourner religieusement les pages, pour se redonner la sensation première et délicieuse de l'heure où ils l'avaient jadis déchiffrée.

Hélas! ils furent obligés de la déchiffrer à nouveau, en effet. Ils s'imaginaient pourtant la bien savoir par cœur, et jusqu'aux moindres détails, et jusqu'aux plus subtiles délicatesses de modulation et de rythme. Et voilà qu'à tout moment ils s'arrêtaient!

— Oh! ce trait, pourquoi l'as-tu modifié? soupirait la femme.

— Cette tenue, quelle idée de l'avoir raccourcie! gémissait l'homme.

— Mais ce changement de mesure, tu l'as donc oublié? Cet exquis changement dont nous nous délections! Si exquis!

— Et cette rentrée au second temps! Quelle faute de la manquer ainsi! Plus encore qu'une faute! Presque un crime! Cette suave rentrée!

Ils se regardèrent et regardèrent la partition,

tout rougissants de honte, et stupéfaits, et s'accusant intérieurement l'un l'autre.

Les pages de la partition leur parurent fripées et jaunies. Le piano leur semblait avoir maintenant des sons abolis de vieille épinette en ruines. Eux-mêmes ne se voyaient plus jeunes, ni beaux, ni adorables.

Ils reprirent néanmoins leur duo, faisant contre fortune bon cœur, et s'appliquèrent de leur mieux, chacun à sa partie, et chacun avec cette pensée désolante qu'ils n'osaient se communiquer :

— Hélas! moi, je me souviens toujours; mais toi, tu ne te rappelles plus.

Autour d'eux, la nature était triste. Aucun rossignol ne leur répondait. Seul, un merle sifflait dans un arbre aux feuilles mortes. La lune avait une face lamentable et bâillait d'ennui. Des nuages couraient, tout noirs, sur les étoiles. On eût dit des crêpes de deuil sur des regards éteints dans les larmes.

Sous la terrasse, les passants faisaient un horrible charivari à grand renfort de pincettes et de casseroles, et les gamins gueulaient :

— A la chienlit! A la chienlit!

Alors l'homme et la femme cessèrent de chanter. Un moment ils eurent envie de s'injurier l'un l'autre, de se reprocher leur mutuelle trahison, de se crier :

— Cœur ingrat! Ame perfide!

Mais ils étaient bons tous deux. Ils eurent le même haussement d'épaules, la même moue de pitié dédaigneuse, et silencieusement ils se quittèrent, sans échanger fût-ce un suprême adieu.

Et chacun des deux resta convaincu que lui seul était fidèle et loyal, et que lui seul savait toujours le duo exactement, avec le même rythme et les mêmes nuances.

Et, quand ils furent assez éloignés pour ne plus pouvoir s'entendre, chacun exhala sa juste rancune par cette condamnation, prononcée de bonne foi contre l'autre :

— Jamais personne n'a chanté aussi faux.

COTTAGE

— Non, il n'y a pas à dire, j'ai beau ne pas les aimer, ces sacrés Anglais sont quand même un peuple extraordinaire !

Ce n'est pas du tout, comme on pourrait le croire, à propos de la guerre, que Lucien d'Amblèze s'exclamait de la sorte *in petto*. C'est à propos d'une annonce de location qu'il venait de lire, en parcourant machinalement, seul au Cercle, la quatorzième page d'un journal londonien.

Et il y avait de quoi s'exclamer de la sorte, on va le voir.

L'annonce, en effet, après avoir minutieusement donné tous les renseignements nécessaires à la location d'un certain cottage, ajoutait, en lettres grasses et tirant l'œil :

*Endroit spécialement recommandé
aux gentlemen garçons et riches
que sollicite un irrésistible désir de suicide.*

Lucien d'Amblèze n'était sollicité par aucun désir de ce genre. C'est un garçon de trente ans, possesseur d'un beau patrimoine qui lui permet de vivre sans souci. Il n'a pas d'autre souci, en effet, que de ne point s'ennuyer, et il ne s'ennuie point, se passant à peu près toutes ses fantaisies, et n'en ayant pas d'extravagantes.

— Parbleu, pensa-t-il, celle-ci n'a rien d'irréalisable! J'en aurai le cœur net, je veux faire la connaissance de cet étrange propriétaire.

Et le jour même il prenait l'express Paris-Londres, grâce à quoi, moins de vingt-quatre heures après avoir lu la singulière annonce, il se trouvait, à l'adresse indiquée pour la location du cottage, en présence de l'excentrique si bénévole *aux gentlemen garçons et riches que sollicite un irrésistible désir de suicide.*

Cet excentrique n'était pas excentrique d'allure, au reste, pas le moins du monde. Mais il l'était d'autant plus qu'il ne l'était pas. Car on voyait tout de suite, à son costume spécial et à sa physionomie caractéristique, on voyait comme s'il l'avait affiché, qu'il appartenait à la classe des clergymen. Or, si rien n'est plus banal, en Angleterre, qu'un clergyman, rien n'était plus en dehors de toutes les prévisions que de trouver, chez un clergyman précisément, une telle et à ce point cynique complaisance envers le suicide.

C'est, en effet, avec son plus gracieux sourire que le clergyman avait répondu, à la première ouverture de Lucien d'Amblèze, touchant la location du cottage :

— Pour vous suicider, n'est-ce pas, monsieur ? Oh ! vous allez être pleinement satisfait, j'en suis sûr, en visitant l'installation. C'est une merveille, vous verrez ! C'est le dernier mot du confort. J'entends du confort en tout ce qui a rapport au suicide, comme de juste !

Lucien fut si interloqué de ce ton aimable, dans une pareille occurrence, qu'il en balbutia des mots vagues où se trahit, quoiqu'il parlât l'anglais à la perfection, sa qualité d'étranger.

— Ne seriez-vous pas Français ? fit soudain le clergyman en se renfrognant. Oui, oui, vous êtes Français, j'en suis certain. Alors, agréez toutes mes excuses ; mais je ne puis vous louer le cottage.

— Pourquoi ? interrogea Lucien. Votre annonce recommande le cottage aux gentlemen garçons et riches, sans en spécifier la nationalité. Je suis dans les conditions voulues pour être votre locataire.

Le clergyman se remit à sourire gracieusement, et reprit.

— En ce cas, monsieur, avez-vous les papiers nécessaires à authentiquer votre double affirmation de célibat et de richesse ?

— Je les ferai venir dans le plus bref délai possible, répliqua Lucien. Ils vous prouveront que je suis parfaitement célibataire et que je possède une fortune en biens mobiliers et immobiliers, de tout repos, me rapportant quarante-cinq mille francs de rente, autrement dit, en chiffres anglais, dix-huit cents livres. Ce revenu ne vous paraît-il pas suffisant pour m'affirmer riche ?

— Si, si, s'écria le clergyman, avec un sourire épanoui, maintenant en extase.

— Alors, reprit Lucien, en attendant mes papiers, faites-moi au moins visiter le cottage, pour que je constate, de mon côté, la véracité de vos affirmations, à vous.

Il dit cela d'un ton sérieux et presque fâché qui imposa au clergyman, et la visite au cottage eut lieu sur-le-champ.

Le propriétaire n'avait pas exagéré. C'était, en effet, une merveille, et le dernier mot du confort, en tout ce qui a rapport au suicide. Devant la maison, dormait un étang propice à la noyade. Un autre genre de noyade s'offrait dans une salle de bains à la baignoire suggestivement profonde. Aux murs du salon, s'étalaient en panoplies des armes variées, poignards, yatagans, kriss-malais, d'une fourbissure impeccable; revolvers des marques les plus célèbres. Une petite armoire de la salle à manger renfermait une rangée de fioles dont les étiquettes menaçantes annonçaient une rare collection de poisons. Un fumoir calfeutré, exclusivement meublé d'un divan et d'un *brasero*, semblait tout préparé pour l'asphyxie. En guise de ciel de lit, dans la chambre à coucher, il y avait au plafond un énorme crochet de fer n'attendant que la corde pour s'y pendre.

— Vous aviez raison, monsieur, fit Lucien, je suis pleinement satisfait de l'installation. C'est admirable. Je loue.

— Oh! n'allons pas si vite, répliqua le clergyman. Il faut d'abord que j'aie visité vos références comme vous avez visité mon cottage, et il faut que vous connaissiez aussi nos conditions, qui, peut-être...

— Je les accepte les yeux fermés, interrompit Lucien.

Il dut néanmoins en être instruit, et ma foi, ne les trouva pas trop dures. Le prix, fort élevé, c'est vrai, mais très explicable en une si anormale occasion, se payait d'avance et restait acquis au propriétaire si, dans le délai de huit jours après le premier mois, le locataire ne s'était pas suicidé. Le locataire s'engageait, en outre, pendant ce premier mois, à ne faire aucune tentative de suicide, et à se laisser vivre d'une vie complètement régie par le clergyman. En cas de suicide, la location était annulée, et le cottage redevenait à la disposition du propriétaire.

— Je vois ce que c'est, pensa Lucien. Ce clergyman est à la fois un clergyman excellent et un excellent homme d'affaires. Il fait ce qu'il peut, pendant un mois, pour vous détourner du suicide par ses prêches. Son devoir envers Dieu une fois rempli de la sorte, il a mis sa conscience en paix. Et finalement, qu'on se suicide ou non, le bonhomme y a toujours son bénéfice. Epatants, ces Anglais !

Bien plus épatants encore que ne le pensait Lucien d'Amblèze, on va le voir et il le vit bientôt lui-même.

Huit jours plus tard, en effet, muni des papiers et références authentiquant sa fortune et sa qualité de célibataire, il était de retour chez le clergyman, payait d'avance le prix convenu pour la location et s'installait dans le cottage, bien résolu à pousser l'expérience jusqu'au bout, sans y comprendre le suicide, cela va de soi, mais en laissant et surtout en faisant bavarder le singulier clergyman. Car il devait avoir des souvenirs curieux, n'est-ce pas, un propriétaire de cet acabit, sur ses locataires précédents ? Et Lucien s'en promettait un vrai régal.

Il fut très surpris, d'abord, en s'installant, de trouver le cottage peuplé de quatre petites servantes fort jolies dont la plus âgée n'avait pas vingt-cinq ans, et que le clergyman lui présenta de la sorte :

— Ce sont les préposées aux diverses formes de suicide, monsieur. Celle-ci fourbit les armes et charge les revolvers. Celle-là s'occupe de la salle de bains et du fumoir. En voici une à qui incombe l'entretien de l'armoire aux poisons. Et la dernière porte en guise de ceinture, vous le voyez, une cordelière qui ne demande qu'à devenir corde pour se pendre.

— C'est tout à fait charmant, répondit Lucien.

Mais si une telle prévenance l'avait surpris, il fut plus surpris encore, le soir, à table, à la table de famille où l'avait invité le clergyman, de trouver assises les quatre petites servantes et d'entendre le clergyman lui dire, avec son sourire le plus gracieux :

— Ce sont quatre de mes filles.

Lucien sursauta sur sa chaise. Un éclair d'intelligence venait de lui traverser brusquement l'esprit. Il demanda, anxieux :

— Est-ce que vous en avez encore d'autres, monsieur ?

Les jolies petites filles faisaient des bouches en fraises et lançaient des œillades pâmées. Celle à la cordelière risquait même un furtif baiser envoyé au vol.

Et Lucien eut la vision nette de ce qui l'attendait, de ce qui était arrivé à ses prédécesseurs dans la location du cottage : l'aguichage des jolies petites servantes, le monsieur enjôlé, la miss compromise, le procès en perspective, le mariage...

D'un bond, il se leva, tandis que le clergyman murmurait, atterré :

— Je m'en doutais, qu'avec un Français il n'y avait rien à faire !

Mais Lucien n'eut pas même l'idée de lui répondre, ni de triompher en avouant sa clairvoyance, ni de rien du tout, sinon de fuir, car il se sentait déjà un peu pincé par la petite à la cordelière. Et il se contenta de se sauver éperdument, sans manifester quoi que ce fût, et se répétant seulement *in petto* :

— Non, il n'y a pas à dire, j'ai beau ne pas les aimer, ces sacrés Anglais sont quand même un peuple extraordinaire.

VIEUX NEUF

— Quoi! Le téléphone! Allons donc! Vous voulez rire?

— Pas du tout. Je suis on ne peut plus sérieux. Je dis bien le téléphone. Et non seulement le téléphone, mais aussi, ce qui va vous étonner encore davantage, mais aussi le téléphote.

— Pourquoi pas, pendant que vous y êtes, la télégraphie sans fils?

— Pourquoi pas, en effet? Le texte permet de le supposer.

— Bah! je le vois d'ici, votre texte! Quelque phrase tronquée, ténébreuse, à laquelle votre commentaire fait suer de force des sens qu'elle n'a pas!

— Vous plaît-il que nous le regardions ensemble, ce texte?

— Volontiers, s'il est dans une langue que je puisse entendre.

— Il est en grec, simplement. Un grec byzantin teinté d'arménianismes, très fleuri d'images, mais assez courant quand même, et que vous entendrez sans trop de peine, je crois, à première vue. J'en ai fait d'ailleurs une traduction aussi exacte que possible. Elle vous aidera ou vous la contrôlerez, à votre choix. La voici et voici le texte.

Il avait pris dans le bas de sa bibliothèque un in-folio et l'avait posé devant moi, en l'ouvrant à une page où se trouvait une feuille volante couverte de sa fine écriture. En même temps, il m'avait dit :

— Le livre n'a pas grand intérêt, en dehors de ce chapitre spécial. C'est le recueil des œuvres de Basilidès Mnazios, poète, grammairien et romancier, qui florissait environ trente ans après la prise de Constantinople par les Turcs. L'histoire, qui contient ce chapitre, est une longue et banale histoire d'amour, quelque chose comme un roman-feuilleton d'alors. Mais le chapitre en question, vous allez voir !

Je lus le fameux chapitre, d'abord dans le texte même, par acquit de conscience, puis dans sa traduction, après m'être assuré très vite de sa fidélité absolue. Cette traduction, dont j'ai pris copie, est imprimée ci-dessous pour la première fois, et a été faite d'après l'in-folio, publié à Venise par Alde Manuce, en 1509.

* * *

« La jeune aveugle aux yeux blancs comme du lait n'était pas une princesse, ainsi que l'avait cru d'abord le trop enthousiaste Polydamas; mais elle était beaucoup plus que la princesse la plus illustre, il fut obligé d'en convenir, quand elle lui eut raconté son histoire. Elle était la fille unique, en effet, d'un homme qui avait trop tenu dans ses savantes mains les destinées mêmes de l'Empire et qui aurait changé la face du monde sans la fatale stupidité de notre dernier empereur.

Polydamas nota soigneusement sur ses tablettes le merveilleux récit de la jeune aveugle, qui mourut aussitôt après le lui avoir fait, comme si elle n'avait attendu pour mourir que cet instant où la mémoire de son père était assurée contre l'ingrat oubli des hommes.

Comment les tablettes de Polydamas arrivèrent-elles jusqu'au couvent des moines blancs de l'île noire, c'est ce qu'il n'est point permis de dire et ce que savent ceux-là seulement qui doivent le savoir. Mais, que le temps soit venu de révéler ce que contenaient les tablettes de Polydamas, c'est de quoi on ne peut douter, depuis que les moines blancs de l'île noire sont devenus les moines noirs de l'île blanche. Et donc, la chose sera dite comme il faut qu'elle soit dite.

Le treizième jour avant le suprême assaut qui fut livré à la Ville immortelle par le cruel Mahomet, un homme se présenta au palais de l'empereur en affirmant qu'il possédait un secret capable de sauver l'empire. Il refusa de confier ce secret à aucun des serviteurs qui le lui demandèrent, et exigea d'être conduit devant l'autocrator en personne. Quand il y fut, il s'exprima de la sorte :

— Constantin Paléologue Dracosès, je puis en ce moment te mettre à même de voir et d'entendre ce que fait et dit ton ennemi.

— Comment le pourrais-tu ? objecta l'empereur. D'après les renseignements sûrs que me fournissent mes espions, je sais que Mahomet, en ce moment, est à treize cents stades d'ici, de l'autre côté du Bosphore.

— Fût-il à treize mille stades et encore plus loin, reprit l'homme, je puis te mettre à même de voir et d'entendre ce qu'il fait et ce qu'il dit, de le voir avec tes yeux, de l'entendre avec tes oreilles.

Constantin Paléologue Dracosès pensa qu'il avait devant lui un fou. Mais il ne le pensa pas longtemps ; car l'homme avait une face où resplendissait la raison et tenait des discours où s'épanouissait la sagesse.

— Songe, disait-il, à la puissance invincible que te donnera ce que je t'offre. Connaissant toutes les décisions et tous les actes de ton ennemi comme si tu assistais à ses conseils, n'es-tu pas son maître?

L'Empereur céda, le suivit, et ils arrivèrent bientôt à la demeure de l'homme, laquelle consistait en une haute tour. Ils y furent reçus par une jeune aveugle aux yeux blancs comme du lait, à qui l'homme dit :

— Le mât des éclairs noirs est-il dressé?

— Oui, répondit-elle, et la chambre des ténèbres est close.

L'homme demanda à Constantin s'il avait

peur d'entrer dans cette chambre, et l'empereur ayant affirmé que non, ils y entrèrent.

Il y faisait une noirceur absolue et un silence d'abîme.

Tout à coup, dans cette noirceur, une nappe de lumière s'épandit comme une cataracte; et, dans ce silence, éclata un vacarme.

Constantin Paléologue avait devant lui le camp de Mahomet et tout son tumulte. Il sauta en arrière, la main crispée à la poignée de son glaive, prêt à défendre sa vie qu'il croyait menacée.

— Rassure-toi, dit l'homme. Ce camp est à treize cents stades d'ici, de l'autre côté du Bosphore.

— Tu es donc le diable? s'écria l'empereur terrifié.

— Non, répliqua l'homme. C'est, au contraire, par la grâce de Dieu que je connais l'art de faire ce miracle.

A cet instant, Constantin Paléologue Dracosès se dit :

— Si cet homme veut être autocrator à ma place, il le sera donc.

Et, tirant son glaive, il en frappa l'homme qui tomba mort.

Le soir même, la demeure de l'homme fut incendiée, rasée jusqu'à la dernière pierre, et du sel fut semé sur les ruines.

La jeune aveugle aux yeux blancs comme du lait s'était sauvée de la maison, et on ne put la retrouver.

Treize jours plus tard, l'assaut était livré à Constantinople par le cruel Mahomet, et la Ville immortelle tombait au pouvoir des Ottomans, grâce à la stupidité de Constantin Paléologue Dracosès. »

*
* *

— Eh bien! que pensez-vous de cet étrange passage?

— Etrange, en effet, oui, à première vue. Il y a là, sans doute, une coïncidence!... Toutefois, l'imagination d'un romancier est bien capable...

— Ta! ta! ta! Relisez, je vous prie, les deux phrases qui ne sont ni tronquées, ni obscures, je crois, mais bien pleines et bien claires; voyons, les deux phrases sur le mât des éclairs noirs et sur la chambre des ténèbres. Il n'y a pas de commentaires à fabriquer là-dessus, sapristi! Il n'y a qu'à lire et à comprendre.

Notez d'ailleurs que ce Basili-lès-Mnazios est un imbécile, en somme. J'ai avalé toutes ses œuvres, moi, toutes. Je vous réponds qu'il était hors d'état d'imaginer...

— Alors, quoi? vous supposez vraiment qu'il s'agit là du...

— Du téléphone, parbleu! Et du téléphote! Et de la télégraphie sans fils! Mais oui! Mais oui!

— Cependant...

— Enfin!...

MARFA

Je sais aujourd'hui, par la lecture et pour avoir fréquenté des Russes, que le nom de Marfa est extrêmement répandu en Russie, tel le nom de Marie chez nous. Mais la première fois que je l'entendis, voilà cinquante ans, il m'avait sonné aux oreilles et s'était gravé dans mon esprit comme un nom rare et curieux.

Il faut dire aussi que les circonstances y prêtaient ; car l'être que j'avais connu alors, portant ce nom, m'avait paru particulièrement curieux et rare. Quelle étrange figure, parmi mes souvenirs du quartier Latin, que celle de cette petite Marfa, étudiante en médecine, si triste au milieu de nos gaietés, si grave au milieu de nos folies!

Il n'est donc pas étonnant que le nom de

Marfa, soudainement réentendu en 1913, dans cette société russe toute brillante et toute en fête, m'ait aussitôt évoqué, d'une façon mystérieuse et absorbante, la bizarre Marfa de jadis.

Mais ce qui eut lieu de m'étonner, et ce qui me stupéfia même positivement, c'est que l'évocation fut poussée au point de me faire chercher et presque retrouver la Marfa de jadis dans la Marfa de l'heure présente. Et Dieu sait cependant si elles se ressemblaient peu !

*
* *

Celle que je voyais devant moi, vivante et agissante, était une grande et belle femme, de trente-cinq ans environ, en qui s'épanouissait toute la grâce slave, souriante, aimable, coquette, bavarde, quasi trop bavarde et un tantinet trop futile, si jamais jolie bouche a pu être trop bavarde, et si l'on a le droit de juger trop futile une futilité qui est un charme de plus chez certaines radieuses évaporées.

La joie émanait de toute sa personne, lui faisait comme un halo. On en était illuminé autour d'elle, ainsi que d'une clarté légère et papillotante. Elle était l'âme de cette réunion qui semblait une volière. Elle en était l'âme folâtre et folle. Et on sentait que cette âme n'avait jamais dû être froissée par la douleur ni même alourdie par la pensée. Mais on ne lui en voulait pas d'être ainsi, et l'on en aurait plutôt voulu au destin qu'elle fût autrement. Car de la sorte elle était parfaite.

Très décolletée, en toilette chatoyante et tendre, avec sa taille flexible, son allure onduleuse, elle avait l'air d'une princesse, qu'elle était réellement. Et néanmoins, sans pose ni apparat, extrêmement simple, familière, on la devinait bonne. Et en même temps, malgré la trentaine passée depuis cinq ans au moins, avec ses cheveux en soie si fine, d'un blond cendré, avec les fraîches roses de ses joues, avec ses yeux de violette aux regards mobiles et ingénus, avec ses gestes rapides, ses menottes, ses quenottes, ses petits pieds, sa voix volubile perlée d'éclats de rire, elle restait enfant et paraissait devoir l'être toujours.

Très femme cependant, et très mère, cette évaltenée d'aspect enfantin! Il suffisait, pour en être convaincu, de voir la câlinerie dont elle entourait son petit garçon et sa petite fille, et aussi de quel orgueil amoureux elle enveloppait son mari, un haut et superbe homme brun à mine de héros fier et doux.

Telle cette Marfa de l'heure présente, image du bonheur complet et mérité.

*
* *

La pauvre petite Marfa de jadis, celle dont le fantôme surgissait au fond de ma mémoire, à quoi diable pensais-je, de vouloir la chercher, et de croire que je la retrouvais presque, dans cette grande Marfa triomphante !

En vérité, à la réflexion, je me jugeai fou d'avoir eu cette singulière idée. Pourquoi l'avais-je eue? A cause, peut-être, du timbre de la voix, ou d'un certain envol dans quelque geste, ou de telle brusque fixité arrêtant le perpétuel miroitement du regard? Oui, à cause de ces minuties, sans doute, et d'autres, plus furtives et plus vagues encore, sensibles pour une imagination en quête d'analogies obscures. Ou plutôt, le nom seul, aux syllabes suggestives, ne m'avait-il pas comme halluciné en cela ? Certes, certes, voilà pour quelles raisons le fantôme de jadis se juxtaposait, en la troublant, à la vivante et si différente vision d'aujourd'hui.

A rappeler nettement mes souvenirs, pas moyen de laisser durer cette erreur. Et je n'eus qu'à les rappeler pour sourire de ma méprise.

* *
*

Je la revois si bien, en traits si précis, rue de la Clef, près de Sainte-Pélagie, la misérable gargote où je connus, il y a cinquante ans, la pauvre petite Marfa de jadis; et elle m'y apparaît en si vive lumière, l'étudiante, dans ce décor fait à souhait pour elle!

Des carabins, quelques apprentis artistes et poètes, et Marfa, qui habitait la maison, c'était la clientèle du père Bradin. Personne n'y était riche, et Marfa semblait y être la moins riche de tous.

Elle ne dépensait guère plus de douze sous à ses repas les plus copieux. Elle occupait une chambre garnie de vingt-cinq francs par mois. Elle portait toujours, hiver comme été, le même costume.

C'était un costume de son invention et probablement de sa fabrication, et qui ne faisait honneur ni à son adresse comme couturière, ni à son goût comme coupeuse. Il était cousu et raccommodé ainsi que par un paysan. Il était taillé sur un patron grossier et presque ridicule.

Une jupe courte, droite, sans plis, en étoffe lourde et grise. Un corsage en forme de veston non cambré, boutonnant croisé sur la poitrine. Des demi-bottes sous la jupe. Sur la tête un bonnet de vieille fourrure. Pour linge, de la flanelle brune.

Encore, si Marfa eût embelli ce costume hideux par sa grâce naturelle ! Mais non. Elle était étriquée en ses mouvements, gauche et lourde d'allure, le torse plat, le dos rond, les hanches garçonnières. Elle portait les cheveux courts, presque en brosse, des cheveux couleur filasse. Son visage était maigre et osseux. Sa bouche ne souriait jamais. Quant à son nez et à ses yeux, impossible de les définir. Ils disparaissaient sous une paire de lunettes énormes, dont la monture en cuivre écrasait le nez et dont les verres fumés cachaient les yeux.

*
* *

Il va de soi qu'ainsi faite et fagotée, on ne la traitait pas en femme. L'idée n'en pouvait venir à personne. C'était un camarade, voilà tout, et pas un joli camarade.

Ni, non plus, un camarade gai, il faut en convenir. Toujours sérieuse, toute à son travail, occupée à lire même en mangeant, elle ne se laissait distraire par aucune de nos distractions, prenait à peine part à nos causeries, se calfeutrait dans une sauvagerie presque maussade.

Un bon camarade quand même, et qu'on aimait malgré tout, et qu'on respectait surtout. A plusieurs reprises elle avait donné des preuves d'affection dont on avait été touché. C'est elle qui avait soigné notre ami Pierre Darras, atteint de diphtérie. C'est elle qui avait sauvé de la saisie une voisine, malheureuse fruitière, au moyen de trois cents francs obtenus par quels sacrifices, on le devinait! Et toujours ainsi, en toute occasion, prête à rendre service gentiment, en dépit de son air grognon.

D'ailleurs, très forte en matière scientifique, disaient les carabins, et sûre d'arriver au doctorat brillamment. Quasi trop forte même, à leur estime, car elle était plus philosophe que médecin, méprisait le train-train des cours et se passionnait surtout pour les théories de physiologie psychologique.

Quelques-uns allaient jusqu'à prétendre qu'elle étudiait la médecine par contenance, et qu'en somme elle devait être une réfugiée nihiliste. Ceux-là, au reste, étaient rares et passaient pour de mauvaises langues.

Tout ce qu'on pouvait dire de Marfa, en mettant les choses au pis, c'est qu'elle était un personnage énigmatique.

* * *

Mais, par exemple, qu'elle le fût au point qu'on va voir, voilà ce que je n'aurais jamais imaginé. Et sans le hasard qui me l'apprit, du diable si mon invention de nouvelliste en eût seulement fait le rêve, en ses plus extravagantes combinaisons !

Car je ne m'étais pas trompé le moins du monde, je n'avais pas été le jouet d'une hallucination, en cherchant et en retrouvant la Marfa de jadis dans la Marfa de l'heure présente.

C'était bel et bien un seul et même personnage. Et je n'en voudrai à personne de ne pas le croire, puisque moi, qui en ai eu la preuve, j'ai peine à y ajouter foi.

Comment j'en fus instruit ? Il n'importe guère. Le récit détaillé en aurait quelque intérêt dans un roman construit à loisir. Mais ceci n'est qu'une nouvelle écrite sans artifice, n'ayant d'autre prétention qu'à être véridique, d'autre attrait que celui d'une fortuite actualité. Peut-être y a-t-il aussi matière à en tirer une sorte de moralité symbolique. C'est du moins ce que m'a suggéré l'ami russe qui m'a donné le mot de cette énigme. Toutefois, je laisse à chacun le soin de casser l'os, comme dit l'autre, et d'en humer la moelle, s'il y en a une.

*
* *

Donc, la Marfa de jadis était une noble jeune fille, de la plus haute naissance, qui avait découvert, avant l'âge de vingt ans, que sa famille, sa race, et peut-être son pays, et à coup sûr le monde moderne, souffraient du mal nommé l'*aboulie* ou impuissance de la volonté.
Elle avait résolu d'en chercher le remède, et s'était soumise elle-même la première à une cure radicale, cure de travail, de pauvreté, de dureté envers ses goûts les plus chers, cure de silence et de laideur, elle qui aimait la griserie de la parole, elle qui était belle. Et voilà pourquoi, pendant six ans, elle avait vécu à la gargote du père Bradin, étudiante en médecine qui

se soignait, physiologiste et psychologue qui se refusait un corps et une âme.

— Mais, objectai-je à l'ami m'apprenant cette étrange histoire, je ne vois pas bien en quoi elle s'est refait une âme. La Marfa d'aujourd'hui, si élégante et futile, si bavarde, si oiseau, n'a plus rien, me semble-t-il, de la Marfa que j'ai connue jadis.

— Détrompez-vous, me dit mon ami. Nous autres Slaves, nous savons et nous pouvons avoir plusieurs âmes. Nous sommes les derniers venus de la grande famille des Aryas, et nous restons plus propres que nos aînés aux avatars, aux réincarnations. Je ne suis pas assez savant pour vous faire à ce propos une théorie en règle. Mais regardez la comtesse Marfa, si enfant, et qui fut la Marfa de jadis, si virilement forte. Le fait est là, qui parle à vos yeux. Elle est notre emblème à tous, nous vos frères cadets. Et particulièrement à cette heure, elle l'est.

Et mon ami ajouta, en souriant de ce joli sourire séducteur et câlin qu'ont les Russes :

— Car il y a une chose que vous ignorez encore dans l'histoire de Marfa, et qui a donc pourtant une grande importance, et qu'il faut que je vous dise pour mettre le point final à cette histoire : c'est que...

Il me tendit son porte-cigarettes, m'en offrit une, et acheva d'une voix douce, une lumière joyeuse lui dansant aux yeux :

— C'est que la comtesse Marfa, la plus Russe de toutes les Russes, a épousé un Français.

L'HOMME AUX YEUX PALES

Monsieur le juge d'instruction Pierre-Agénor de Vargnes est absolument le contraire d'un mauvais plaisant. C'est la dignité, le sérieux, la correction en personne. Comme homme grave, tout à fait incapable de commettre, même d'imaginer, fût-ce en rêve, quoi que ce soit pouvant ressembler, fût-ce de loin, à une fumisterie, je ne vois guère, pour lui être comparé, que le président actuel de la Chambre des députés. Cela connu, on comprendra sans peine que j'aie senti passer en moi le frisson de la petite mort lorsque M. Pierre-Agénor de Vargnes me fit l'honneur de me raconter l'histoire suivante.

Un jour de l'hiver dernier, vers les huit heures du matin, comme il allait sortir de chez lui pour se rendre au Palais, son valet de chambre lui remit une carte de visite ainsi libellée :

Le Docteur James Ferdinand
*Membre de l'Académie de médecine
de Port-au-Prince,
Chevalier de la Légion d'honneur.*

Dans le bas de la carte il y avait écrit au crayon : *De la part de Mme Frogère.*

M. de Vargnes connaissait fort bien cette dame, très aimable créole d'Haïti, qu'il rencontrait dans plusieurs salons. D'autre part, si le nom du docteur n'éveillait en lui aucun souvenir, la qualité seule du personnage et ses titres, même sans recommandation de Mme Frogère, exigeaient la politesse d'un accueil, quelque bref qu'il dût être. Aussi, quoique pressé de sortir, M. de Vargnes donna-t-il au valet de chambre l'ordre d'introduire ce visiteur si matinal, tout en le prévénant que le Palais réclamait M. le juge, dont les minutes étaient comptées.

A l'entrée du docteur, M. de Vargnes ne put, malgré son habituelle impassibilité, retenir un mouvement de surprise. Le docteur, en effet, présentait cette étrange anomalie d'être un nègre du plus beau noir avec des yeux d'homme blanc, de blanc extrêmement septentrional, des yeux bleus très pâles, très froids, très clairs. La surprise de M. de Vargnes redoubla quand le docteur, après quelques mots d'excuse sur l'heure indue de sa visite, ajouta en souriant d'un sourire énigmatique :

— Mes yeux vous étonnent, n'est-ce pas, Monsieur? J'étais sûr qu'ils vous étonneraient. Et, à vrai dire, je ne suis venu ici que pour vous les faire bien regarder, afin que vous puissiez ne les oublier jamais.

Le sourire, et la phrase encore plus que le sourire, semblaient d'un fou. Cela, d'ailleurs, était dit fort doucement, de cette voix enfantine, zézayante, particulière aux nègres, avec les *r* s'écrasant sous la langue en flûtements mouillés. Et, dans ce gazouillis, les paroles au sens mystérieux, presque menaçant, n'en avaient que mieux l'air d'être proférées au hasard par un être dénué de raison. Mais le regard, lui, le très pâle, très froid et très clair regard des yeux bleus n'était pas d'un fou, certes. Il disait nettement la menace, en vérité, oui, la menace, et aussi l'ironie et, par-dessus tout, une férocité implacable. Ce ne fut qu'un éclair, mais flamboyant, de façon qu'on ne pût, en effet, jamais l'oublier.

— J'ai vu, ajoutait M. de Vargnes en en parlant, j'ai vu bien des regards d'assassins, et à fond. En aucun, cependant, comme en celui-là, je n'ai plongé jusqu'à une telle profondeur de crime et d'impudente sécurité dans le crime.

L'impression fut si forte que M. de Vargnes crut alors être le jouet d'une hallucination, d'autant que le docteur, sa phrase prononcée, continuait en souriant de plus belle et avec son accent le plus puéril :

— Vous devez, Monsieur, ne rien comprendre à ce que je vous dis là. De cela aussi, veuillez m'excuser. Demain vous recevrez une lettre qui vous expliquera tout. Mais il était nécessaire que, d'abord, je me fisse voir à vous ou, du moins, que je vous fisse voir, bien voir, tout à fait voir mes yeux qui sont moi, mon seul et vrai moi, comme vous en jugerez.

Après quoi, sur un salut d'une suprême distinction, le docteur s'était retiré, laissant M. de Vargnes abasourdi, en proie à ce doute :

— Ne serait-ce qu'un aliéné ? La féroce expression, la profondeur criminelle de ce regard aurait-elle pour cause unique le bizarre contraste de la face ténébreuse et des yeux si pâles?

Ainsi absorbé, M. de Vargnes laissa malheureusement s'écouler quelques minutes. Puis, tout d'un coup :

— Mais non, non, pensa-t-il, je ne suis le jouet d'aucune hallucination. Il n'y a là aucun phénomène d'optique. Cet homme est évidemment un scélérat effroyable. J'ai failli à tous mes devoirs en ne l'arrêtant pas moi-même, séance tenante, illégalement, au risque de ma vie, qu'importe !

Et le juge s'était précipité dans l'escalier, à la poursuite du docteur. Mais trop tard ! L'autre avait disparu.

M. de Vargnes se présenta dans l'après-midi chez M{ne} Frogère, pour lui demander quelques éclaircissements. Elle ne connaissait pas le moins du monde le docteur nègre et pouvait même certifier que le personnage était fictif ; car, très au courant de la haute société haïtienne, elle savait pertinemment que l'Académie de médecine de Port-au-Prince ne comptait parmi ses membres aucun docteur de ce nom.

M. de Vargnes insistant et donnant le signalement du docteur avec mention spéciale de ses yeux si extraordinaires, Mme Frogère se mit à rire et dit :

— Vous avez certainement eu affaire, cher Monsieur, à un mystificateur. Les yeux que vous me décrivez là sont des yeux de blanc, sans doute possible. L'individu devait être barbouillé.

Rappelant alors tous ses souvenirs, M. de Vargnes reconnut que le docteur, en effet, n'avait guère du nègre que la noirceur, la chevelure et la barbe en toison, le parler facile à contrefaire, mais nullement le type, ni même l'allure onduleuse si caractéristique. Peut-être bien, donc, n'était-ce qu'un mauvais farceur. Tout le jour M. de Vargnes se complut dans cette idée, qui blessait un peu sa dignité d'homme grave, mais qui apaisait ses scrupules de magistrat.

Le lendemain, il recevait la lettre promise. Elle était écrite, ainsi que l'adresse, en mots imprimés, découpés dans des journaux. La voici :

« Monsieur,

« Le docteur James Ferdinand n'existe pas ; mais l'homme dont vous avez vu les yeux existe, et vous le reconnaîtrez sûrement à ces yeux-là. Cet homme a commis deux crimes. Il n'en a pas de *remords*. Seulement, étant psychologue, cet homme a peur de céder quelque jour à l'impérieuse tentation de confesser ses crimes. Vous savez mieux que personne (car c'est votre aide la plus puissante) avec quelle force irrésistible les criminels, les intellectuels surtout, éprouvent cette tentation. Le grand Edgar Poë a écrit là-dessus des chefs-d'œuvre qui sont l'exacte notation de la vérité. Toutefois, il a oublié de noter le phénomène ultime, dont je vais vous instruire, Monsieur le juge d'instruction. Oui, moi, criminel, j'ai besoin, épouvantablement besoin, que quelqu'un sache mes crimes. Mais, ce besoin satisfait, mon secret révélé à un confident, je suis tranquille à jamais, quitte envers le *démon de la perversité* qui ne tente *qu'une fois*. Eh bien ! voilà qui est accompli. Vous aurez mon secret ; car le jour où vous me reconnaîtrez *à mes yeux*, vous chercherez à découvrir de quoi je suis coupable et comment je le fus ; et vous le découvrirez, étant un maître en votre profession, ce qui, entre parenthèses, vous vaut l'honneur d'avoir été choisi par moi pour porter le poids de ce secret, désormais à nous deux, et à nous deux seuls. Je dis bien *à nous deux seuls.* Vous ne pourrez, en effet, ce secret, en prouver à personne la réalité, sinon par mon aveu, que je vous défie d'obtenir sous forme d'aveu public, puisque maintenant j'ai trouvé le moyen de vous le faire, à vous, *et sans danger.* »

Trois mois plus tard, dans une soirée, M. de Vargnes rencontrait M. X... et, du premier coup, sans la moindre hésitation, il reconnaissait en lui les extraordinaires yeux bleus très pâles, très froids et très clairs, les yeux inoubliables.

L'homme, lui, demeura impassible souverainement, si bien que M. de Vargnes en fut réduit à se dire :

— C'est probablement cette fois-ci que je suis le jouet d'une hallucination. Ou bien alors il existe au monde deux paires d'yeux tout à fait semblables, Et quels yeux pourtant ! Est-ce donc possible ?

M. de Vargnes fit une enquête sur la vie de M. X... Il apprit ceci, qui leva tous ses doutes.

Cinq ans auparavant, M. X... était un pauvre étudiant en médecine, fort brillant d'ailleurs, et qui, sans être encore reçu docteur, s'était fait remarquer déjà par de curieux travaux microbiologiques, Une jeune veuve extrêmement riche s'était éprise de lui et l'avait épousé. Elle avait, de son premier mariage, un enfant. Dans l'espace de six mois, l'enfant d'abord, puis la mère, étaient morts de la fièvre typhoïde, et M. X... avait ainsi hérité, en bonne et due forme, sans discussion possible, de la grosse fortune. Il n'y avait qu'une voix pour proclamer qu'il avait prodigué ses soins aux deux malades avec un dévouement admirable.

Ces deux morts, fallait-il donc y voir les deux crimes mentionnés dans la lettre?

Mais alors, M. X... aurait empoisonné ses deux victimes avec des microbes de la fièvre typhoïde, savamment cultivés en elles, de façon à rendre l'infection invincible même aux soins du dévouement le plus admirable?

Pourquoi pas?

— Vous croyez cela? demandai-je à M. de Vargnes.

— Absolument, me répondit-il. Et ce qu'il y a de plus affreux, c'est que le scélérat a eu raison en me défiant de le contraindre à un aveu public. Je ne vois, en effet, aucun moyen d'y arriver, aucun. Un instant, j'ai songé au magnétisme. Mais qui pourrait magnétiser cet homme aux yeux si pâles, si froids, si clairs? Avec des yeux pareils, c'est lui qui forcerait le magnétiseur à se dénoncer lui-même comme coupable.

Puis, en poussant un grand soupir :

— Ah! la justice d'autrefois avait du bon !

Et comme mon regard l'interrogeait, M. de Vargnes ajouta d'un ton ferme et très convaincu :

— La justice d'autrefois avait à son service la torture.

— Ma foi, répliquai-je avec un inconscient et naïf égoïsme d'artiste, il est certain que, sans la torture, cette étrange histoire n'a pas de conclusion; et pour le conte que je vais en faire, c'est bien fâcheux.

CAUCHEMAR-STREET

Je ne m'amuserai certes pas à prétendre que mon très honorable ami Harry Sloughby soit un homme sobre; car je l'ai vu maintes fois absorber, sous prétexte de *brandy and soda*, plus d'eau-de-vie qu'il n'en aurait fallu pour rendre absolument ivres-morts quatre sapeurs et leur caporal.

Loin de moi aussi l'idée de lui donner raison dans les éloges exagérés dont il se gratifie touchant son inébranlable solidité contre l'alcool, lorsqu'il affirme, en toute sincérité au reste, n'avoir jamais de sa vie été soûl à en perdre le sens; car je l'ai vu maintes fois, après quelqu'une de ces monstrueuses ingurgitations d'alcool, passer à l'état de paquet inanimé qu'on emportait et allait coucher sans qu'il en eût conscience et en gardât le souvenir.

Mais je dois, en revanche, reconnaître que, jusqu'au moment précis où il tombait brusquement assommé par l'*intoxication*, mon très honorable ami Harry Sloughby demeurait tout à fait maître de sa pensée, même de son imagination, et qu'il eût été impossible alors, fût-ce parmi les plus épaisses fumées alcooliques, de lui faire prendre des vessies pour des lanternes.

Force m'est d'avouer aussi que, pendant cette période préliminaire du *raide-comme-la-justice*, il jouissait d'une puissance observatrice extrêmement remarquable, emmagasinant dans sa mémoire tout ce qui se passait autour de lui, et cela d'une façon presque machinale, ce qui assurait à ces observations involontaires une fidélité photographique et phonographique !

Grâce à quoi, comme il avait beaucoup voyagé, dans toutes les parties du monde, et comme, partout, il s'était largement abreuvé de *brandy and soda* (selon les proportions ci-dessus formulées), sa conversation était riche de rares tableaux donnant une image exacte et vivante des civilisations les plus diverses.

Or, je ne crois pas qu'aucun de ces tableaux

m'ait jamais intéressé, où plutôt passionné, j'ose le dire, au point ou m'émerveilla, l'autre soir, celui qu'il me fit de l'extraordinaire, étrange, fantastique et démoniaque rue dénommée par lui-même, et à si juste titre, *Cauchemar-Street*.

Qu'il l'eût dénommée ainsi, cela semblerait indiquer que cette rue était située dans quelque cité anglaise. Toutefois, il n'en était rien ; mon honorable ami m'en avait averti de prime abord, confessant qu'il avait donné ce nom à cette rue faute de savoir comment elle s'appelait en réalité, et confessant de plus, ce qui était autrement grave, qu'il ignorait même dans quelle ville se trouvait et pouvait bien se trouver cette rue.

Sans doute y avait-il pénétré un jour où il était juste au moment de tomber dans l'état d'inconscience, et s'y était-il réveillé pour recommencer une nouvelle *intoxication*, pendant laquelle il avait observé tout avec son habituelle fidélité de mémoire involontaire, à la suite de quoi on l'avait emporté de là ne pouvant se rappeler ni comment il y était entré, ni comment il en était sorti, ainsi qu'il arrive lorsqu'on se souvient d'un rêve.

Et cependant, de toute évidence, ce n'était

pas un rêve. Ou bien, alors, mon honorable ami Harry Sloughby eût été, ce jour-là, l'objet d'un miracle, unique dans sa vie ; car jamais, de sa vie, jamais, au grand jamais, il n'avait rêvé ; de cela il était sûr, aussi indubitablement sûr que d'être au monde.

La seule chose qui pût le mettre en défiance contre la réalité de ses très nets souvenirs sur *Cauchemar-Street,* c'est que, par extraordinaire cette fois, sa mémoire n'avait été ici que photographique, et que les impressions phonographiques en restaient troubles, indistinctes, comme si les clichés en avaient été surchargés et brouillés de sons entendus avant ou après les sons enregistrés proprement dans le trajet de *Cauchemar-Street.*

Ces surcharges, formant confusion et emmargouillis incompréhensible, étaient en langue française, si bien que les mots eux-mêmes de la langue étrangère et inconnue qu'on parlait dans *Cauchemar-Street,* en prenaient une musique française qui les affublait de désinences fallacieuses, parce que de la sorte ils paraissaient clairs et n'en demeuraient que plus obscurs.

Par contre, les souvenirs photographiques étaient d'une absolue pureté, en épreuves vivantes comme des projections de cinématographe, et ils prouvaient de reste que, si *Cauchemar-Street* n'était ni une rue anglaise, ni une rue française, c'était bien une rue d'énorme ville moderne, nullement exotique, d'ailleurs, et très vraisemblablement européenne, car les hommes et les femmes y étaient vêtus à l'uniforme du vieux monde.

Mais quels abominables exemplaires de ce vieux monde! Les hommes, sauf de très rares exceptions, avaient des mines atroces de bandits; et presque toutes les femmes semblaient des prostituées de la plus basse classe. Les enfants eux-mêmes présentaient déjà, sur leurs faces hâves et dans leurs yeux hardis, tous les stigmates du vice et du crime. Ainsi du moins en jugea mon honorable ami Harry Sloughby, à qui ces habitants de *Cauchemar-Street* firent l'effet de singes féroces et épileptiques, d'aliénés en rupture d'asile, de forçats en rupture de bagne, et, finalement, selon son dire, de parfaits démons.

Ces parfaits démons grouillaient dans un fort petit espace, car *Cauchemar-Street* n'avait guère plus de deux cent cinquante pas de long sur une quinzaine de large.

La foule y était sans cesse renouvelée par de profondes et flamboyantes boutiques où l'on buvait tout debout devant des comptoirs en métal blanc splendide. Ces boutiques se succédaient à la file, interrompues seulement par des frituriers, des charcutiers et trois ou quatre vastes magasins d'épiceries et de vêtements ou chaussures, dans lesquels il n'y avait personne, et qui semblaient n'être là que pour tenter par leurs étalages ouverts la main des voleurs.

D'un côté trois cafés-chantants, de l'autre un théâtre, attirèrent mon honorable ami Harry Sloughby, qui voulut entrer partout, et qui se mêla au peuple en délire, ici riant aux éclats devant des sortes de clowns aux refrains criards accompagnés d'orchestres en cuivre, là pleurant à chaudes larmes devant les péripéties d'un drame effroyablement ténébreux, et partout au milieu d'un vacarme infernal, de vociférations, parfois de batailles où l'on jouait du couteau.

Mais ce qui étonna le plus mon honorable ami Harry Sloughby, ce fut un liquoriste, à la porte duquel de hautes pancartes annonçaient le spectacle offert de phénomènes, et chez qui en effet mon honorable ami eut l'étrange et imprévu plaisir de boire avec un géant de deux mètres quarante, un nain de quatre-vingt-douze centimètres, une négresse pesant quatre cent douze livres, et un homme orné d'une barbe lui descendant jusqu'aux genoux.

Et ce qui mit le comble à l'étonnement de mon honorable ami Harry Sloughby et acheva de le perturber touchant le pays où pouvait être situé *Cauchemar-Street*, c'est que les spectateurs parlaient la langue inconnue aux désinences françaises, tandis que le géant s'exprimait en norvégien, le nain en espagnol, la négresse en créole anglais, et l'homme à la grande barbe en belge, en sorte que le pandémonium tournait au sabbat cosmopolite.

Mon honorable ami Harry Sloughby en était là de son récit et de ses extraordinaires tableaux, et nous l'écoutions bouche bée, en voyant par l'imagination cette étrange, fantastique, démoniaque et mystérieuse rue, dénommée par lui, à si juste titre, *Cauchemar-Street*, quand soudain, à l'évocation du Barbu parlant belge, un éclair me traversa la mémoire, et je m'écriai, plongeant dans la stupéfaction mon honorable ami Harry Slouhgby et toute l'assistance :

— Mais oui, mais oui, c'est cela! J'y suis. Attendez donc! Le théâtre, trois cafés-chantants,

parfaitement! La salle Gangloff! Bobino! Là...
En effet! Plus de doute! Et le cabaret des Monstres! Mais oui! Mais oui! Votre formidable et réintrouvable *Cauchemar-Street*, c'est la rue de la Gaîté, ni plus ni moins, parbleu! la rue de la Gaîté, à Montparnasse.

LES DEUX BORGNES

En ce temps-là, j'habitais au haut de la rue Saint-Jacques, et je devais, chaque jour, pour gagner mon misérable pain, me rendre au haut de la rue des Martyrs. Je séjournais ici toute la matinée ; puis, après avoir sommairement déjeuné chez un troquet du boulevard extérieur, je me remettais en route, vers une heure de l'après-midi, pour réintégrer mon domicile.

Je faisais le double trajet à pied, d'abord par raison d'économie, vu mon pauvre budget, et aussi par amour de l'exercice et du badaudage. Cul-de-plomb pendant trois heures de suite, j'avais grand plaisir à me dégourdir les jambes en allant et revenant, et j'avais plus grand plaisir encore à me divertir les yeux, le long du chemin, aux spectacles toujours renouvelés de la rue.

Parmi ces spectacles, il en était aussi qui ne se renouvelaient jamais, et qui devaient à leur monotonie seule leur charme spécial. Ainsi telle petite ouvrière, rencontrée toujours au même endroit, tel bonhomme fumant sa pipe au seuil de sa boutique, telle trogne rigolote conduisant le cheval de renfort à la montée de l'omnibus, le marchand de marrons de la rue Saint-Denis avec son casque en peau de chat roux, et bien d'autres qui ponctuaient mes étapes de leur aspect prévu.

Régulièrement, en arrivant, un peu avant neuf heures, au haut de la rue des Martyrs, je trouvais, près d'une porte cochère, à droite, dans un renfoncement précédant la devanture du crémier, un mendiant à qui je donnais un sou d'un geste machinal.

Non moins régulièrement, en revenant, vers les deux heures, au haut de la rue Saint-Jacques, je trouvais, près d'une porte cochère à peu près semblable, dans un renfoncement précédant aussi la devanture d'un crémier, mais à gauche, cette fois, un autre mendiant à qui je donnais pareillement un sou du même geste machinal.

Longtemps, je ne pris garde qu'à l'emplacement analogue choisi par l'un et l'autre mendiant, et cela justement à cause de l'analogie, sans doute, qui frappait mon observation inconsciente. Mais je ne faisais pas attention aux mendiants eux-mêmes, dont je savais seulement que, rue des Martyrs comme rue Saint-Jacques, le mendiant était un borgne.

Je ne chercherai pas à expliquer pourquoi, brusquement, un beau jour, je remarquai que le mendiant de la rue des Martyrs était borgne de l'œil gauche, et que celui de la rue Saint-Jacques l'était de l'œil droit. Tout ce que j'en puis dire, c'est que la chose, jusqu'alors inconnue de moi, me sauta ce jour-là aux yeux, si j'ose m'exprimer ainsi.

A partir de ce jour, les deux mendiants m'intéressèrent, et, en leur jetant à chacun leur sou quotidien, je me pris à les examiner curieusement. Je n'eus pas à m'en repentir; car cet examen, bientôt, me passionna.

Il y avait de quoi, comme vous allez le voir! Imaginez-vous, en effet, ma surprise, quand je m'aperçus que ces deux mendiants offraient à la fois des ressemblances et des dissemblances étranges. Celui de la rue des Martyrs était, comme je l'ai dit, borgne de l'œil gauche, et portait un gros pardessus noir au poil bourru et une casquette à oreillères, tandis que celui de la rue Saint-Jacques, borgne de l'œil droit, était vêtu d'une veste plus légère et coiffé d'un chapeau melon aux bords rabattus en cloche. Mais tous deux avaient un visage absolument identique, au point que l'on eût dit deux frères, et même deux jumeaux.

J'en conclus tout d'abord qu'ils devaient être, en effet, deux jumeaux, et le hasard me parut un singulier farceur d'avoir ainsi fait ces deux jumeaux borgnes, l'un à droite, l'autre à gauche.

Mais un examen plus minutieux ne tarda pas à me persuader qu'il y avait dans cet apparent mystère un unique farceur, lequel était tout bonnement le seul et même mendiant, installé le matin rue des Martyrs et l'après-midi rue Saint-Jacques, sous deux costumes différents, et changeant d'œil sa borgnerie. On ne pouvait s'y tromper, avec un peu d'attention, à l'attitude, au geste, à la voix, et surtout, surtout au regard de l'œil resté ouvert.

C'était un regard extraordinaire, jeté par une prunelle vitreuse, couverte d'une taie bleuâtre, dans un globe proéminent. Que ce fût la prunelle gauche ou la droite, l'expression demeurait immuable, une expression sournoise et moqueuse. Evidemment, l'œil de la rue des Martyrs et l'œil de la rue Saint-Jacques constituaient une paire d'yeux où habitait une seule âme.

Que ce prétendu borgne fût un faux borgne, un rusé simulateur, voilà qui ne faisait pas de doute. Je ne lui en voulais pas, au reste, de sa ruse, et je la trouvai même si ingénieuse que désormais, au lieu d'un sou à chaque aumône, je lui donnai deux sous, estimant qu'il les gagnait bien.

Mais quelle raison avait-il, ce borgne alternatif, pour changer de mauvais œil? Cela, je l'avoue, me tracassait, n'y voyant aucune explication plausible.

Il n'y avait, m'objecterez-vous sans doute, qu'à la lui demander à lui-même, cette explication. Mais allez donc faire de la peine à un pauvre bougre, en lui apprenant qu'on a *débiné le truc* dont il subsiste! Pour avoir des idées pareilles, il faut n'avoir jamais été pauvre bougre soi-même! Puis, je l'avoue, j'avais une secrète joie à me dire, en lui donnant ses deux sous :

— Il me prend pour une poire. Eh bien! c'est lui qui en est une, puisque je sais.

L'amour-propre a de ces petites satisfactions-là! Vous voyez que je suis psychologue, quand je m'y mets.

Mais, qui dit psychologue, dit, forcément, un peu mufle, n'est-ce pas? Et, un jour, je ne pus me tenir de révéler au pauvre bougre que je possédais son secret. Ajoutons, à ma décharge, que j'eus la précaution, venant de toucher une petite somme, d'enrober l'amertume de ma muflerie dans une aumône de cent sous et dans l'offre d'une tournée fraternelle.

— Et alors, dis-je au mendiant, donnez-moi enfin le mot de cette énigme qui me tourmente depuis tantôt trois semaines. Pourquoi diable êtes-vous borgne tantôt d'un œil, tantôt de l'autre?

— Monsieur, me répondit-il, vous m'avez tout l'air d'un bon zig qui ne voudra pas faire du tort à mon industrie. Je ne serai donc pas cachottier avec vous. Voici la chose. Dans notre partie, voyez-vous, c'est comme dans toutes les autres : avec la pratique, on prend de l'expérience, on s'instruit en observant. Or, j'ai observé, d'abord, que le métier d'aveugle est moins bon que celui de borgne. Pourquoi? Je n'en sais rien; mais c'est comme ça. Ensuite, j'ai observé qu'il y a des gens plus charitables pour les borgnes de l'œil droit, et d'autres plus pour les borgnes de l'œil gauche. Pourquoi? Je n'en sais rien non plus; mais c'est encore comme ça. Enfin, et c'est là où j'ai été le plus mariolle, j'ai découvert ceci, dont le pourquoi m'échappe encore plus que tous les autres, c'est que les borgnes de l'œil droit font de meilleures affaires sur la rive gauche, et les borgnes de l'œil gauche sur la rive droite. Cherchez-en la raison, si vous en avez le temps et si vous vous croyez capable de la trouver. Moi, j'y ai renoncé. Je me contente de mettre à profit ma découverte, en faisant le borgne de l'œil droit rue Saint-Jacques et le borgne de l'œil gauche rue des Martyrs.

Il me regardait, en vidant maintenant son verre, avec un regard plus sournois et plus moqueur que jamais, de ses deux gros globes ouverts, proéminents, à la prunelle vitreuse, couverte d'une taie bleuâtre; et souriant, son verre vidé, il ajouta :

— Au fond, vous savez, je m'en f...; car je ne suis borgne ni à droite ni à gauche.

— Parbleu! répliquai-je, vous n'avez pas besoin de me le dire : je m'en doute. Pourquoi rigolez-vous? J'ai donc l'air d'un serin?

— J'ignore, reprit-il, de quoi vous pouvez avoir l'air. Comment voulez-vous que je le voie? Je suis aveugle.

IL Y AVAIT UNE FOIS...

Il y avait une fois — où? je ne sais; quand? je l'ignore — une femme dont je ne me rappelle ni l'âge, ni le nom. Je ne puis non plus vous donner sa portraiture exacte. Chacun la voyait d'une façon différente, et chacun avait raison, puisqu'il la trouvait bien de cette façon-là. Du reste, il faut dire qu'elle ne faisait rien pour être jugée de telle ou telle manière. Ne sachant pas elle-même ce qu'elle était, elle se contentait d'être en réalité tout ce qu'on la croyait être. D'aucuns insinuaient que, sans doute, elle n'était rien; et d'autres, plus sages encore, ajoutaient que de là précisément lui venait tout son charme. Ils la comparaient aux nuages dont la féerie dépend du rêveur qui les contemple, et aux symphonies de la mer où l'on entend la musique que l'on se chante en soi-même. Beaucoup plus sages, peut-être, étaient les fous avérés qui ne cherchaient pas, eux, d'explication, et qui prenaient bonnement la femme mystérieuse pour ce qu'elle était ou du moins pour ce qu'ils la croyaient être, et qui ainsi vivaient par elle et en elle. Vivaient, oui, et mouraient aussi, hélas! Et mouraient après avoir préalablement souffert ces mille morts en détail qui s'appellent le désir déçu, la foi trompée, l'espérance brisée, l'amour jaloux, l'amour trahi. Aussi bien, on doit le constater à la décharge de la femme mystérieuse, elle ne les faisait point souffrir de la sorte par cruauté. Elle n'était pas plus méchante qu'autre chose. Elle avait même, en maintes occasions, des accès de tendresse, de compatissante bonté. Elle plaignait sincèrement ceux qu'elle allait rendre malheureux. Souventes fois, il lui arrivait de les avertir en toute loyauté :

— Un Tel, vous savez que je ne vous aime pas?

A quoi Un Tel répondait généralement :

— Qu'importe, puisque moi je t'adore!

Et vraiment, après cela, les gens qu'elle trompait et torturait, de quel droit pouvaient-ils se plaindre? A d'autres, sans doute, elle soupirait, toute pantelante : « Je t'aime! », puis, elle les trompait aussi. Mais elle avait alors cette excuse « qu'elle s'était trompée elle-même, qu'elle croyait l'aimer... ce n'était pas de sa faute... Oh! qu'elle souffrait de son erreur! » Et elle disait cela si gentiment et de si bonne grâce qu'il fallait bien, quand on était juge désintéressé, lui donner raison. Au surplus, elle finissait toujours par tourner tout en rire, même ses propres souffrances, et d'autant mieux celles des autres. Le fond de sa philosophie — car ce rien, en dépit de l'opinion des sages, avait sa philosophie — c'est qu'il ne fallait attacher d'importance à quoi que ce fût. Elle n'avait pas le cœur dur, et avait un cœur, puisqu'elle pleurait à l'occurrence; mais, le dos tourné, elle ne pensait plus à sa peine, haussait les épaules et passait à autre chose, en faisant avec un mignon mouvement de lèvres : — Bbu! bbu! Si bien qu'un sage à la langue mauvaise avait fini par la surnommer : Mademoiselle Bbu! Bbu! Elle ne s'en fâcha pas. Au contraire, elle en tira vanité. Ce sobriquet lui semblait amusant. Même, en y réfléchissant à loisir (car ce rien réfléchissait), elle le jugea d'un emploi commode. Au lieu de chercher désormais des excuses à sa conduite, au lieu de donner des explications à ceux qui l'interrogeaient comme un sphinx, elle leur répondait tout bonnement : « Bbu! bbu! » Et alors le sage à la langue mauvaise se dit en se grattant le front et en se congratulant de son génie inventeur :

— Bigre! Aurais-je, sans m'en douter, fait une grande découverte? Aurais-je trouvé le mot de l'énigme?

Il y pensa et y pourpensa longuement, tant et tant qu'il tomba éperdument amoureux de la femme mystérieuse dont il s'imaginait avoir élucidé le mystère. A vrai dire, comme il était un sage et un savant, donc un de ces orgueilleux qui sont les plus habiles à se duper eux-mêmes, il ne voulut pas s'avouer qu'il était amoureux, et il se berça dans l'idée qu'il obéissait simplement à un devoir scientifique.

— Bien sûr que non, se répétait-il avec complaisance, je ne suis pas séduit par cette poupée. Je tiens à l'étudier, voilà tout.

Or, ni plus ni moins que le vulgaire, il se mit à l'étudier en lui faisant la cour, en la désirant, en ayant soif d'elle ; et, somme toute, sous prétexte de passer cette âme au creuset, il s'occupa naïvement d'arriver à se couler à son tour au creux de ce lit où tant d'autres avaient fondu. Ni plus ni moins que ce tant d'autres, il y fondit, le pauvre sage ; et il n'apprit rien de rien à y fondre, il ne sut pas même s'il était aimé. Elle eût pu lui affirmer que non, ainsi qu'elle l'avait fait souvent avec tel et tel. Mais, malgré les prétentions de deviner tout qu'il affichait, elle s'amusait à n'être pas franche. Quand il la questionnait, éperdu de passion, elle lui ripostait en souriant, les regards ailleurs, son éternel : « Bbu ! bbu ! » Elle le trompa, cela va de soi. Mais, ce coup-ci, elle y mit de la malice et de la cruauté ; elle lui donna pour rival heureux un pur imbécile.

Il eût été assez lâche, le brave savant, pour le lui pardonner, si elle eût consenti à en faire l'aveu ; au besoin, même, il eût expliqué savamment cette dépravation de goût, expliqué jusqu'à l'excuse et l'absolution. N'est-ce pas un naturel effet de contraste que la femme préfère une brute à un esprit d'élite ?

Mais elle ne lui laissa pas même cette consolation. Lorsqu'il lui demanda en pleurant s'il devait croire à ce rival, et lorsqu'il proposa piteusement à la coupable de la proclamer innocente, elle fit une pirouette et murmura... Il connut alors toutes les rages de la jalousie et du désespoir. Il en vint à concevoir les plus criminels projets. Il ne les cacha pas, et la menaça de l'en rendre responsable. Oui, ce rival à qui elle le sacrifiait, ce rival, il le tuerait !

— Bbu ! bbu !

Transformé en bête féroce, le savant se montra plus brute que la brute aimée. Il s'embusqua un soir, l'égorgea, dépeça le malheureux, lui arracha le cœur de la poitrine et vint jeter aux pieds de la femme cet horrible trophée encore tout palpitant.

Cette fois, elle fut épouvantée, un peu. Mais un éclair de triomphe ayant lui dans les yeux de l'assassin, elle ne voulut pas reconnaître ce triomphe. Elle se roidit contre sa terreur, contempla tranquillement le hideux lambeau de chair rouge, le retourna du bout de son ombrelle, et fit avec une gracieuse moue...

— Oh! monstre, monstre, s'écria le savant, je te tuerai, toi aussi. Oui, je te tuerai. Je veux savoir si tu en as un, de cœur, et ce qu'il y a dedans, enfin !

De ses deux mains aux doigts crispés, il empoigna le cou de la femme, ce cou si blanc, si délicat, qu'il adorait, et il le serra sans pitié, longtemps, longtemps. Elle n'eut pas la force de crier. Elle se débattit à peine, comme un oiseau qu'on étouffe ; mais, en mourant, son dernier soupir s'exhala ainsi qu'une suprême réponse :

— Bbu! bbu!

— Enfin! rugit le savant, quand elle fut bien trépassée. Tu ne te moqueras plus de mon amour ni de la science. Et, comme je t'ai étudiée vivante, je vais bravement t'étudier morte.

Il se mit à la disséquer en conscience, espérant constater le rien qu'elle était, et il se convainquit qu'elle était réellement ce rien, puisque nulle part il ne trouva en elle l'âme qu'il lui niait. Et cela le rendit joyeux. Pour perpétuer cette joie et garder le témoignage toujours présent de sa victoire, l'implacable savant s'ingénia. Ou plutôt, sans qu'il y prît garde, l'inconsolable amant eut cette idée fantastique de tanner la femme mystérieuse et de lui redonner comme une forme vivante. Car il l'aimait toujours. Et plus que jamais il l'aima quand il eut regonflé cette abominable dépouille. Dans son aberration adorante, il la trouva belle encore, et s'agenouilla devant elle et lui demanda pardon. Et, soudain, comme ses bras amoureux pressaient frénétiquement cette outre, une déchirure se fit, et, par ces lèvres monstrueuses, un long sifflement s'échappa, lui cinglant le visage de l'éternelle — posthume — et ironique et inoubliable exclamation : « Bbu! bbu! »

LE MARCHAND D'AMOURS

Voilà le marchand d'Amours !
Demandez les beaux Amours !
Qui veut des jolis Amours ?
Voilà le marchand d'Amours !

    En claire soie,
    En noir velours,
    Amours de plours,
    Amours de joie,
Voilà le marchand d'Amours !

    En blanche serge,
    Amours de vierge !
Qui veut des jolis amours !
    En satin rouge
    Amours de gouge !
Demandez les beaux amours !

Des bleus, des verts et des roses,
Et de toutes les coulours,
Aux chansons fraîches écloses
Et qui fleuriront toujours.
Voilà le marchand d'Amours !

Tristes et farces,
Légers et lourds,
Flammes éparses,
Brasiers ségours,
Demandez les beaux Amours !
De tous séjours,
Des toits, des cours,
Des carrefours,
Des trous, des darses,
Accourez, courez, courez, cour...!
Chacun son tour.
Car j'en ai pour
Les gars, les garces !

Voilà le marchand d'Amours !
Demandez les beaux Amours !
Qui veut de jolis Amours ?
Voilà le marchand d'Amours !

Ainsi avait crécellé l'autre soir la chanson du bonhomme, gasconnée en boniment volubile, à tue-tête et du haut de sa tête.

Et l'on avait vu les gens qui accouraient, couraient, couraient, en effet, suivant son invite, à l'achat des beaux jolis Amours.

De tout âge et de tout poil, il en était venu, des chalands, depuis des blancs-becs et des bachelettes encore en jupe courte, jusqu'à des vieux cassés et crachant leur dernier chicot, en passant par la ribambelle des infirmes les plus variés, bancroches, manchots, gibbeux, goitreux, borgnes, voire aveugles, et sans oublier les culs-de-jatte.

Car tout le monde en voulait, des beaux Amours, des jolis Amours, aux chansons promettant de fleurir toujours.

Mais la jeunesse en particulier, comme bien on pense, s'était ruée au débit, en bousculade féroce, jouant des coudes à qui arriverait le premier, et de la gueule à clamer bravement :

— Moi, moi! Celui-ci, je veux? Celui-là! Non, cet autre !

On avait mis au pillage la roulotte du marchand, sans même lui laisser le temps de répéter son boniment de crécelle.

Une demi-heure, et toute la pacotille avait été bazardée !

Ah! c'était une boutanche d'aventure bien garnie, dame, pour une boutanche d'aventure! Et du diable si l'on aurait pu s'imaginer qu'un pauvre pareil mercerot ambulant, trimardeur et merlifiche, avait un aussi merveilleux assortiment de beaux Amours, de jolis Amours!

De toutes les couleurs, oui, le vieux avait raison ! Et de plus de couleurs encore que toutes, si c'est possible! Et c'est parbleu bien possible! Car chacun trouvait juste la couleur dont il avait envie, celle-là et non une autre. Même ceux qui désiraient un Amour couleur de lune ou de nuage, le rencontraient là couleur de nuage et de lune. Même ceux qui le souhaitaient d'une couleur dont ils ignoraient encore le nom, précisément de cette couleur ils voyaient l'Amour rêvé.

En vérité ce marchand d'Amours aurait aussi bien pu s'appeler le marchand de miracles.

Et notez que tous ces Amours si différents se ressemblaient en ceci, à savoir que chacun était dans une cage d'or, dont la mangeoire regorgeait de perles pour chènevis, dont le godet à eau était un diamant creux plein de rosée printanière, dont le plantain était à la fois une rose, un lys et une immortelle, avec un cœur de myosotis, et dont le fronton portait sur un écriteau d'argent ces mots incrustés en rubis balais : *Oiseaux de Paradis*!

Et notez aussi que tous ces oiseaux, aux ramages les plus divers, ne chantaient en somme que la même chanson en caquets variés, et que cette chanson répétait uniquement : *Toujours, toujours, toujours*. Cela seul, comme dit l'autre, et rien de plus.

Voilà le marchand d'Amours !
Qui veut des jolis Amours ?

Ah! à n'importe quel prix on en eût voulu, n'est-ce pas ? Vous-même, l'avaricieux, avouez que vous y auriez dépensé votre dernier liard, coupé en quatre! Et toi, le gueux, n'aurais-tu pas assassiné père et mère pour vendre leurs peaux, et en tirer de quoi te payer cela? Certes, certes. Et Judas en personne y eût employé les trente deniers maudits!

Aussi avait-on donné au mercanti tout ce qu'il avait demandé en pour, et sans barguigner on avait craché au bassinet, et de bon cœur plutôt qu'à la rechignette, fût-ce quand il exigeait les plus monstrueux prix les plus inattendus.

Et, quoiqu'il vendît à la hâte et dans le hourvari de la bousculade, le brigand gardait justement assez de sang-froid pour réclamer de chaque acheteur ce qui pouvait à celui-là paraître le plus coûteux.

Aux fils il disait, comme la mauvaise gouine de la chanson :

— Donne-moi le cœur de ta mère!

Aux mères, auréolées des baisers fleuris sur les lèvres des enfançons :

— Renoncez à la vie de vos petits, des Benjamins surtout!

Aux beaux et aux belles, aux forts et aux bien portantes :

— Devenez laids, hideux, débiles, malades et dégoûtants!

Aux jeunes, qui se croyaient des dieux éternels :

— Cela vaut la décrépitude précoce, tout de suite :

Aux vieux, les doigts grippés sur leurs derniers jours à vivre :

— C'est la mort dans cinq minutes, peut-être avant.

Aux poètes, aux artistes, aux savants, fiers de leur cerveau.

— Soit, pourvu que vous consentiez à être des brutes, des sots, des fous, des gâteux bavant.

Aux hommes d'honneur, aux femmes vénérées :

— Mangez de la trahison et buvez de l'infamie, et en public, et en proclamant que c'est suave.

Et ainsi à tous, cyniquement et abominablement.

Et tous avaient obéi, avaient payé le prix horrible.

Et le vieux Bohémien, après avoir empoché tout son gain scélérat, s'était sauvé répétant sa chanson, gasconnée en boniment volubile, à tue-tête et du haut de sa tête, boniment vain désormais, puisque toute sa roulotte était vendue, mais taratantara triomphal qu'on avait entendu créceller dans l'ombre où il s'en allait, créceller et gouailler avec une aigre ironie.

Ah! que de cœurs déjà, si tôt, si déjà, en avaient été vrillés, de cet adieu, comme rouge dans les ténèbres:

> Parti, le marchand d'Amours!
> Regardez les beaux Amours!
> Voyez les jolis Amours!
> Parti le marchand d'Amours!

La nuit, la nuit épaisse et champignonnée de fantômes! Dans le ciel lourd, des roulements de tonnerres lointains!

Un vent de bise aiguë souffletant les joues, poignardant les yeux!

Des rondes de feuilles mortes, cadavres séchés de chauves-souris voletantes!

Et cette pluie, à gouttes larges comme des

pleurs, et salées comme eux aussi ! Est-ce une pluie d'eau? Que c'est tiède ! Et voilà que ce n'est plus salé, mais fade.

Du sang ! Du sang ! Il tombe du sang à verse.

Blême, le matin s'est levé, frissonnant dans sa robe en soufre qui flambe bleu. C'est un jour d'éclipse. La terre tremble. On dirait que la vieille planète moribonde a la fièvre.

Et ils sont là, tous, vautrés dans une boue rougeâtre et gluante, tous les acheteurs de beaux Amours, de jolis Amours.

Presque tous sont morts, déjà verts de pourriture hâtive. Les rares survivants grelottent et achèvent de vomir leurs cœurs en éponge, que quelques-uns essaient de ravaler après les avoir vomis.

Des beaux Amours, des jolis Amours, plus rien ! Cages en laiton vert-de-grisé. Graines en bouillie de cataplasme. Rosée en eau sale. Les oiseaux faisandés, puantes petites charognes, se liquéfient en pus de vers grouillants, en visqueuse sanie suant la peste.

Au loin l'écho qui flûte dans le lointain goguenard :

> Demandez les beaux Amours !
> Voilà le marchand d'Amours !

Seuls, une jeune fille et un jeune garçon sourient, à l'orée d'un bois d'où ils sortent, tout roses.

Elle a une cage d'osier où gazouille une fauvette.

Il porte un nid de mousse où chante un roux rossignol.

Et les mourants, et les morts eux-mêmes se redressent, pour crier à ces deux heureux :

— Combien les avez-vous donc payés, les vôtres, vos oiseaux, vos beaux Amours, vos jolis Amours?

Et la jeune fille répond :

— Le mien, on me l'a donné pour rien. Je ne sais plus qui; mais on me l'a donné, oui, pour rien.

Et le jeune garçon s'écrie :

— Le mien, je l'ai volé !

VOILA L'PLAISIR

Jamais je n'avais ouï de voix plus lamentable que cette pauvre voix glapissant :

« Régalez-vous, mesdames ! Voilà l'plaisir ! »

Et pourtant, ce n'était pas une soirée d'automne mélancolique ; c'était par une radieuse après-midi de juillet, tout incendiée de soleil.

Etonné de tant de tristesse en un pareil jour, je quittai la balancine où je fumais paresseusement, et j'ouvris la fenêtre, au risque de laisser entrer la chaleur dans la chambre si fraîche, mais prêt à risquer même l'insolation sur le balcon torride, pour voir quel était le pauvre diable en proie à un tel chagrin.

Le pauvre diable était un vieillard à mine joyeuse, qui certainement avait très chaud, mais qui ne semblait pas trop en souffrir, et qui avait plutôt l'air de s'en délecter ; car, au lieu de raser le côté droit de l'avenue, où les maisons donnaient un peu d'ombre épaisse, ou tout au moins, au lieu de marcher sous les arbres à l'ombre plus maigre, il déambulait juste dans le gros du soleil, au mitan même de l'avenue. Il allait, d'ailleurs, d'un pas assez rapide, presque allègre, ce qui, joint au poids de son cylindre en tôle, lui faisait le visage tout rouge et tout en sueur. Mais ce visage riait par deux petits yeux malins.

Pourquoi riait cet homme, et pourquoi, riant ainsi, glapissait-il aussi tristement ? Je me le demandai et n'y trouvai point de réponse.

A trois pas derrière lui, se traînait une vieille femme qui secouait aigrement sa crécelle en poignée de malle et qui paraissait, elle, contenir toute la désolation exprimée d'un ton aussi lugubre par la voix du vieil homme.

Maigre, décharnée, voûtée, ratatinée, coiffée d'un bonnet de béguine dont les deux pointes figuraient les deux oreilles en plumes d'une chouette, on eût dit en effet un oiseau de nuit offusqué par la lumière, avec ses yeux clignottants et son allure de feutre. Et elle souffrait, elle, visiblement, de cette marche trop allongée pour ses petites jambes et surtout de cet implacable soleil, cuisant sa face de pruneau.

Mais pourquoi le vieil homme l'obligeait-il à trotter si vite et au milieu de l'avenue ? Je me le demandai et n'y trouvai point de réponse.

Notez, au surplus, que l'avenue était déserte, qu'on n'y voyait aucune bonne d'enfant sur les bancs verts, que les très rares troquets n'y montraient pas une seule table garnie de clients, et que trois passants, pas un de plus, peuplaient l'horizon, un dragon à gauche, et là-bas, tout au lointain, à droite, deux frères des écoles chrétiennes. Notez aussi que cette solitude n'avait rien d'accidentel, et qu'elle constituait au contraire l'ordinaire figure de cette avenue, située derrière les Invalides, et traversée de temps en temps par ces passants toujours à peu près les mêmes, les ignorantins restant inamovibles, et le dragon étant quelquefois remplacé par un artilleur.

Alors, à qui le vieil homme espérait-il vendre ses oublies ? Et surtout, surtout, à quelles dames faisait-il appel, leur offrant de se régaler ! Je me le demandai et n'y trouvai point de réponse.

Le lendemain, il pleuvait à torrents, et l'avenue de macadam pulvérulent et torride s'était changée en une mare gluante où l'averse clapotait en bulles. Le nez collé aux vitres, je regardais les hachures de l'eau tomber toutes droites. Soudain, à travers la cataracte, et y gargouillant sa mélopée, j'entendis encore, à la même heure, la voix du vieil homme.

Cette fois, par exemple, il marchait très lentement, toujours au milieu de la chaussée, et comme s'il prenait plaisir à la douche du ciel. Mais son cri n'en était pas moins triste, et plus triste encore semblait la vieille, qui le suivait à trois pas en arrière, son bonnet dénoué lui pendant sur le front, et ses savates faisant concurrence dans la boue au flic-flac de sa crécelle.

La promenade d'aujourd'hui après celle d'hier, les deux aussi déraisonnables l'une que l'autre, et celle-ci corroborant l'absurdité sûrement voulue de celle-là, me rendirent idiot de perplexité. Pourquoi le vieil homme s'y obstinait-il, à ces marches inexplicables, et pourquoi y condamnait-il la vieille femme? Quels étranges aliénés étaient ces gens? Je me le demandai et n'y trouvai point de réponse.

Notez que je ne pouvais pas les prendre en pitié; car ils n'en inspiraient aucune. Le vieil homme riait si joliment, de ses yeux malins, sous l'averse comme sous le soleil ! Et la vieille femme suait tellement la méchanceté, avec sa tête de chouette sournoise ! D'autre part, ils n'avaient pas du tout l'apparence de gueux attendant les chalands pour manger. Et, en effet, s'ils les eussent attendus, voilà beau jour que tous deux seraient morts de faim, puisque jamais, jamais, ils ne devaient vendre l'ombre d'une oublie. Il était donc patent qu'ils vivaient de quelque chose qui n'était pas ce commerce chimérique. Et il demeurait hors de doute qu'ils n'en vivaient pas trop mal, étant vêtus proprement, et le vieil homme en particulier jouissait d'une mine prospère.

Mais enfin, pourquoi glapissait-il si désespérément son cri, pourquoi tenait-il à le glapir, et pourquoi la chouette continuait-elle à l'accompagner en secouant sa crécelle, et quel était leur but en faisant cela, et quelle était leur destinée, et qui pourrait m'en donner le mot ? Je me le demandai et n'y trouvai point de réponse.

Vous allez m'objecter, sans doute, que j'avais un moyen très simple de mettre fin à mes angoisses : interroger ces gens. Parbleu ! j'y avais pensé, croyez-le bien. Mais, voilà ! Le cri entendu, il fallait m'habiller, descendre mes cinq étages, me ruer dans le soleil ou dans l'averse. Car (vous l'ai-je dit ?) c'est toujours par des journées sénégaliennes ou diluviennes que le vieil homme venait sous ma fenêtre se lamenter. Et alors, dame, vous comprenez !

Tout d'un coup, l'autre soir, à la terrasse d'un bistro de Clignancourt, qui vois-je ? Oui, vous avez deviné ! Le vieil homme. Il était là, tranquillement attablé, fumant une bonne pipe, et savourant une purée d'absinthe.

Je me précipite vers lui, si violemment qu'il en reste tout d'abord tout esbrouffé. Mais, vite, je le rassure en lui contant d'une haleine pourquoi je tenais avec tant de passion à faire sa connaissance et à savoir enfin... Et je corse mon explication sommaire et saugrenue, d'une tournée amicalement offerte.

— Ce sera ma quatrième purée, dit-il ; mais bah ! je m'en fiche. J'ai dépisté la sœur, ce soir.

J'interroge fiévreusement :

— Quelle sœur ?

— Eh bien ! fait-il, la sœur de ma femme, donc ! Ah ! c'est vrai, vous ne pouvez pas comprendre. C'est toute une histoire. Et c'est, justement, l'histoire que vous me demandez.

Comme ça se rencontre, hein ! Non, mais est-ce drôle ! Seulement, voilà ! Il faut dire les choses de fil en aiguille, et commencer par le commencement, c'est-à-dire, ici, par la fin.

— Ah ! par la fin ! Pourquoi ?

— Parce que ma femme est morte.

— La vieille qui vous suivait toujours à trois pas ?

— Bien sûr ! Ah ! ce qu'elle m'a suivi comme ça, la bougresse, à trois pas ! Et ce que je lui en ai fait faire, des pas, à trois pas ! Dans le soleil, dans la pluie, ah ! ce qu'elle n'y coupait pas, le vieux cabas.

— Oui, et c'est précisément ça que je ne comprends pas !

— Attendez, attendez ! Vous allez voir. Non, mais est-ce drôle ! A présent, imaginez-vous, c'est sa sœur. Et, ce qu'il y a de tout à fait rigolo, c'est qu'à présent je ne porte plus le fourbi ! C'est elle qui porte tout, la sœur, tout, la boîte et la musique. Mais, par exemple, c'est toujours moi qui crie la chanson. Ça, vous savez, c'est ma joie.

— Votre joie ? Ah ! Et pourquoi criez-vous si triste, alors ?

— Exprès ! Vous allez comprendre. Tout est

là, parbleu ! Non, mais est-ce drôle, hein ! Est-ce drôle !

A ce moment, une pluie d'orage se mit à choir comme si on la jetait par seau ; et soudain, à travers la nappe croulante, une crécelle retentit, aigre et pressée.

— Nom de nom ! s'écria le vieil homme, c'est elle !

Une vieille accourait, pareille à la vieille de jadis. Elle voulut se mettre à l'abri chez le bistro. Mais le vieil homme s'était levé, riant de ses yeux malins, et déjà il déambulait sous l'averse, criant lamentablement son cri, tandis que la vieille le suivait à trois pas, secouant la crécelle, et traînant la savate sous le poids du cylindre.

Le temps de payer le garçon, qui n'en finissait pas, et le couple avait disparu, fondu sous le ciel cataractant. Impossible de songer à rejoindre ces noyés ! Bah ! un jour ou l'autre, le hasard me les ramènerait, pensais-je.

Jamais je n'ai revu le vieil homme, jamais, jamais ! Et pourquoi faisait-il ce qu'il faisait, pourquoi ? Je me le demande encore et n'y trouve toujours pas de réponse.

TABLE DES MATIÈRES

		Pages
I.	— Béhémot	5
II.	— Le Korrigan	13
III.	— Un honnête homme	21
IV.	— Un monstre	29
V.	— Les deux Gwaz	40
VI.	— Une confession	48
VII.	— La bourse mauve	58
VIII.	— Œil-en-Lune	69
IX.	— Le Grillon	79
X.	— Les deux casse-cœurs	88
XI.	— La Bistouille	96
XII.	— Histoire de chasse	104
XIII.	— Casuistique	116
XIV.	— Une fois pour toutes	124
XV.	— Annabella	133
XVI.	— Les pronostics	144
XVII.	— Papa Mardi-gras	151
XVIII.	— La Contrebandière	163
XIX.	— Elvire vengée	171
XX.	— L'Ensemencière	182
XXI.	— Le duo	191
XXII.	— Cottage	203

		Pages
XXIII.	— Vieux neuf.	212
XXIV.	— Marfa	220
XXV.	— L'homme aux yeux pâles	231
XXVI.	— Cauchemar-Street	241
XXVII.	— Les deux borgnes.	249
XXVIII.	— Il y avait une fois	257
XXIX.	— Le Marchand d'Amours	265
XXX.	— Voilà l'plaisir.	274

Paris. — L. MARETHEUX, imprimeur, 1, rue Cassette.

www.ingramcontent.com/pod-product-compliance
Lightning Source LLC
Chambersburg PA
CBHW050629170426
43200CB00008B/942